O CAPITAL
DAS SOMBRAS À REVOLUÇÃO

O CAPITAL
DAS SOMBRAS À REVOLUÇÃO

FERNANDO FROTA DILLENBURG

70

O CAPITAL
DAS SOMBRAS À REVOLUÇÃO

AUTOR: Fernando Frota Dillenburg

DIRETOR DA ALMEDINA BRASIL: Rodrigo Mentz
EDITOR: Marco Pace
EDITOR DE DESENVOLVIMENTO: Rafael Lima
ASSISTENTES EDITORIAIS: Larissa Nogueira e Letícia Gabriella Batista
ESTAGIÁRIA DE PRODUÇÃO: Laura Roberti
REVISÃO: Mariana Mortari e Gabriela Leite

DIAGRAMAÇÃO: Almedina
DESIGN DE CAPA: Roberta Bassanetto
IMAGEM DE CAPA: John Jabez Edwin Mayal (1813–1901)

ISBN: 9788563920300
Junho, 2023

Dados Internacionais de Catalogação na Publicação (CIP)
(Câmara Brasileira do Livro, SP, Brasil)

Dillenburg, Fernando Frota
O capital : das sombras à revolução / Fernando
Frota Dillenburg. – São Paulo : Edições 70, 2023.

Bibliografia.
ISBN 978-65-5427-123-3

1. Capitalismo 2. Ciências sociais 3. Força de trabalho
4. Marx, Karl, 1818-1883. O capital
5. Trabalho – Aspectos sociais I. Título.

23-152111 CDD-335.412

Índices para catálogo sistemático:

1. Capital : Conceitos marxistas 335.412

Eliane de Freitas Leite – Bibliotecária – CRB 8/8415

Este livro segue as regras do novo Acordo Ortográfico da Língua Portuguesa (1990).

EDITORA: Almedina Brasil
Rua José Maria Lisboa, 860, Conj. 131 e 132, Jardim Paulista | 01423-001 São Paulo | Brasil
www.almedina.com.br

SUMÁRIO

INTRODUÇÃO 11

OS ENIGMAS DA MERCADORIA 13

AS MERCADORIAS E SEUS GUARDIÕES 24

O OFUSCANTE FEITIÇO DO DINHEIRO 28

A TRANSFORMAÇÃO DO DINHEIRO EM CAPITAL 33

REFAZENDO O CAMINHO 45

O INGRESSO NA INSTÂNCIA DA PRODUÇÃO 49

A PRODUÇÃO DA MAIS-VALIA 53

A RELAÇÃO DO OPERÁRIO COM UMA REDE DE OUTROS TRABALHADORES 60

SURGE A FIGURA DO FUNCIONÁRIO PÚBLICO 66

FINALMENTE A CLASSE OPERÁRIA LEVANTA A SUA VOZ 69

ALGUNS DOS DIFERENTES SETORES DA CLASSE TRABALHADORA 77

NA BUSCA DE MASSAS CRESCENTES DE MAIS-VALIA, OS CAPITALISTAS SÃO IMPULSIONADOS A AMPLIAR AS SUAS EMPRESAS 86

OUTRAS FORMAS DE AUMENTAR A MAIS-VALIA 88

NA BUSCA PELO AUMENTO DA PRODUTIVIDADE DO TRABALHO, O CAPITAL ACABA REUNINDO E ORGANIZANDO A CLASSE OPERÁRIA 92

MANUFATURA CAPITALISTA: O CAPITAL AINDA DEPENDE DA HABILIDADE DO TRABALHADOR 95

A JORNADA MAIS CURTA TORNA-SE MAIS INTENSA: O TRABALHADOR SE EXAURE EM MENOS TEMPO 97

O PERSONAGEM SE AMPLIA 101

O TRABALHADOR PRODUTIVO GANHA DESTAQUE 114

RELAÇÃO ENTRE AS DIFERENTES FORMAS DE AUMENTAR A MAIS-VALIA 119

APÓS A INSPIRAÇÃO, O RETORNO À DIFÍCIL REALIDADE 123

AGORA É A VEZ DO SALÁRIO 125

O SALÁRIO POR TEMPO 128

O SALÁRIO POR PEÇA 132

A DOMINAÇÃO SOBRE A CLASSE TRABALHADORA SE APROFUNDA 136

A PROPRIEDADE PRIVADA CAPITALISTA COMEÇA A SER SUPERADA 139

HAVERÁ TROCA DE EQUIVALENTES ENTRE A FORÇA DE TRABALHO E O CAPITAL? 142

CHEGOU A HORA DOS DESEMPREGADOS 146

A VIOLÊNCIA ORIGINÁRIA 152

COMO FOI RECEBIDO O RECÉM-NASCIDO PROLETARIADO NAS CIDADES? 156

O SURPREENDENTE SIGNIFICADO DA EXPROPRIAÇÃO DOS SERVOS 159

O SURGIMENTO DA CLASSE CAPITALISTA 163

A GÊNESE DO PEQUENO CAPITAL 164

A GÊNESE DO CAPITAL INDUSTRIAL 165

PARA ONDE TENDE A NOS LEVAR O CAPITALISMO? 168

UMA CURIOSA E ABRUPTA MUDANÇA NA *LEXIS* 175

REFERÊNCIAS 179

INTRODUÇÃO

Enquanto redigia os manuscritos conhecidos como *Grundrisse der Kritik der politischen Ökonomie* (Elementos fundamentais para a crítica da economia política), cujo conteúdo serviria de base para *O capital,* Marx escreveu uma carta a Engels, em 14 de janeiro de 1858, onde comentava estar "obtendo alguns lindos resultados" no tocante ao conteúdo de sua nova obra e que, em relação ao método de exposição, "o fato de voltar acidentalmente a folhear a *Lógica* de Hegel estava sendo de grande utilidade". (MARX; ENGELS, 1972, p. 94)

Depois escrever os *Grundrisse,* tendo, assim, produzido o conteúdo de sua futura obra, Marx passou então a buscar, a partir de 1858, o método que expressasse de maneira mais fiel esse conteúdo. E qual foi o método encontrado? O próprio Marx responde: aquele método que não apenas desvela as leis dos fenômenos, mas "a lei da sua modificação, de seu desenvolvimento, isto é, a transição de uma forma para outra, de uma ordem de relações para outra". (MARX, 1983, I, p. 19) "Esse método é o método dialético". (MARX, 1983, I, p. 20)

Desde aquela carta enviada a Engels em 1858 até a publicação do Livro I de *O capital* em 1867, Marx se preocupava em encontrar a melhor forma de exposição para a sua obra-prima. Mas Engels (MARX, 1983, III, p. 6) comenta que somente depois de ter terminado de escrever os manuscritos correspondentes ao Livro III, ou seja, somente em 1865, é que Marx teria passado a se dedicar integralmente à elaboração da forma de exposição do Livro I. Esses dois anos de muito trabalho, entre 1865 e 1867, podem nos dar uma ideia da importância conferida por ele à *lexis,* à "ação de dizer", à *Darstellungsweise,* à construção da forma mais adequada para descrever o movimento do real.

Reconhecendo o esforço dedicado por Marx ao modo de exposição de sua obra, vamos nos deixar conduzir pela *lexis* do Livro I. Desse modo, seremos levados livremente pelo caminho traçado pelo próprio Marx, esse percurso que é o resultado de um longo e minucioso trabalho e, possivelmente, o resultado da ação e da reflexão de toda uma vida, uma trilha que representa, como diz Marx, "a classe cuja missão histórica é a derrubada do modo de produção capitalista e a abolição final das classes — o proletariado". (MARX, 1983, I, p. 18)

OS ENIGMAS DA MERCADORIA

"Nossa investigação", diz Marx, inicia pela forma aparente da riqueza, "começa com a análise da mercadoria". (MARX, 1983, I, p. 45) Ela é analisada, inicialmente, a partir do que lhe é mais visível, o seu corpo, cujas propriedades lhe conferem alguma utilidade particular, ao "satisfazer necessidades humanas de qualquer espécie, [independente] se elas se originam do estômago ou da fantasia". (MARX, 1983, I, p. 45)

Mas nem tudo o que possui uma utilidade ou um valor de uso é mercadoria: o ar que respiramos ou a água de um rio são úteis, mas, na forma como os encontramos na natureza eles não são vendáveis e, por isso, não são mercadorias, pois é a possibilidade de estar numa relação de troca e, por isso, passar a ter um valor de troca, o que faz de um valor de uso uma mercadoria.

O que possibilita a troca entre duas mercadorias? Somente são trocáveis valores de uso diferentes: "casaco não se troca por casaco". (MARX, 1983, I, p. 50) Para que duas mercadorias sejam trocáveis é necessário que tenham utilidades diferentes, tenham valores de uso distintos. É o valor de uso, portanto, o que determina a possibilidade ou não da troca.

Cada tipo de mercadoria é produzido por uma atividade humana diferente. A atividade do pedreiro é diferente da atividade de padeiro. Cada uma dessas atividades humanas particulares, cada atividade orientada a determinado fim é denominada por Marx *trabalho humano concreto*. As diferenças de suas atividades, além das diferenças dos meios de trabalho e dos objetos de trabalho utilizados por cada trabalhador são o que caracteriza cada trabalho humano concreto e o que confere os diferentes valores de uso de cada mercadoria. O trabalho humano concreto é o trabalho que produz valores de uso.

Mas por mais diferentes que sejam os valores de uso das mercadorias e os trabalhos concretos que as produzem, todas possuem algo em comum. Todas as mercadorias, sem exceção, são produtos do dispêndio de energia humana, uma "gelatina de trabalho humano indiferenciado (...) sem consideração pela forma como foi despendida". (MARX, 1983, I, p. 47) Esse dispêndio de energia humana é denominado por Marx de trabalho humano abstrato. A quantidade de trabalho humano abstrato é, por sua vez, o que determina o valor das mercadorias. Se um produto é produzido para a troca, portanto, se esse produto tornou-se uma mercadoria, é necessário medir o seu valor para que o produtor não perca parte do valor na troca. O valor é medido por meio da quantidade de energia humana despendida na produção do produto, é medido pela quantidade de trabalho humano abstrato necessário para produzir a mercadoria. O valor é o que unifica todas as mercadorias do mundo enquanto iguais produtos do dispêndio de energia humana. Desse modo, as características corpóreas, assim como os valores de uso do trigo e do ferro, são diferentes, mas há algo em comum entre mercadorias tão diferentes: o fato de ambas conterem dispêndio de energia humana. Em determinada proporção, trigo e ferro possuem igual quantidade de trabalho humano abstrato, igual valor.

Em síntese, para Marx, o produto do trabalho humano só se torna mercadoria quando assume um duplo caráter: o primeiro é o de ser algo útil para outros, ter um valor de uso social, e o segundo é o de ser produzido para a troca, tendo, por isso, um valor de troca. Este último é a expressão ou a forma de manifestação do valor. O valor de troca expressa, na instância da circulação de mercadorias, ainda que de maneira imprecisa e mistificada, aquilo que está contido no interior de cada mercadoria desde a sua criação na instância da produção: a quantidade de trabalho humano abstrato ou seu valor.

Mas se o valor de uma mercadoria é medido pela quantidade de trabalho humano abstrato contido nela, poderia parecer, diz Marx, que um produtor mais inábil, possuindo instrumentos de trabalho mais rudimentares, produziria suas mercadorias com valor mais elevado do que um produtor mais hábil que tivesse diante de si instrumentos de trabalho mais sofisticados, uma vez que o primeiro necessitaria dispender mais energia humana para produzir a mesma mercadoria. Nada mais falso. Segundo Marx, o valor não é uma medida individual, mas social. O valor de uma mercadoria é medido pela média de energia humana dispendida para produzi-la numa determinada sociedade e num determinado momento histórico. Aquele que gastar um período de tempo superior à média social terá dispendido parte de seu trabalho inutilmente. Somente trabalho útil produz valor. Esta parte do trabalho que ultrapassou a média social é inútil, não produzindo, portanto, qualquer valor.

Marx partiu, então, das formas mais aparentes da mercadoria individual, o valor de uso e o valor de troca, para, depois, mergulhar até as profundezas do valor. É esse o sentido da afirmação de Marx (1983, I, p. 62): "quando, no início deste capítulo, para seguir a maneira ordinária de falar, havíamos dito: a mercadoria é valor de uso e valor de troca, isso era, a rigor, falso. A mercadoria é valor de uso ou objeto de uso e valor". Marx admite que inicia *O capital* falando de maneira ordinária, vulgar, para superar em seguida essa forma ilusória. Nosso autor propõe, então, retornar à superfície, voltar ao valor de troca, não mais para tratar da mercadoria individual, mas para tratar da relação que as mercadorias estabelecem entre si. (MARX, 1983, I, p. 54)

Nesse recomeço realizado mediante o retorno à superfície, o retorno ao valor de troca, Marx parte mais uma vez daquilo que é mais simples, mais imediato, a *forma simples do valor,* a relação de troca entre apenas duas mercadorias. O linho relaciona suas 20 varas a um casaco, este servindo como mero espelho do valor do linho, pois seu corpo equivale ao valor dessas 20 varas. Através da relação de troca com o casaco, o linho é capaz de conhecer o valor de troca de suas 20 varas. Por isso, Marx denomina a posição assumida pelo linho na relação de troca com o casaco de *forma relativa do valor,* pois é somente por meio da *relação* com o casaco que o linho consegue espelhar seu valor. O linho utiliza o casaco para atingir o seu interesse, expressar o seu valor de troca. O linho assume um *papel ativo* nessa relação de troca, enquanto o casaco, que na relação com o linho serve apenas de espelho do valor deste, cumpre um papel passivo, um papel de equivalente ou a *forma equivalente do valor.* O linho só se reconhece como mercadoria na *relação* com o casaco, uma relação de espelhamento, de autoconhecimento. Marx mostra a seguir que essa relação de troca simples entre apenas duas mercadorias possui estreitos limites, pois qualquer nova mercadoria que surge não encontra espaço nessa relação. Devido ao aumento da diversidade de mercadorias que passam a ser trocadas na história, a forma simples é obrigada a se desdobrar, sendo superada por aquilo que Marx chama de *forma total ou desdobrada*, quando o linho passa a se relacionar com uma infinidade de outras mercadorias. O casaco perdeu a exclusividade de ser o *equivalente individual* do linho, sendo agora obrigado a dividir esse papel com inúmeros outros produtos que passaram a ser produzidos como mercadorias. Assim, o casaco, como cada uma das mercadorias que passam a se relacionar com o linho, assume o papel de *equivalente particular* deste. Mas assim como a *forma simples de valor* possuía insuficiências, a *forma total ou desdobrada* também possui as suas. Enquanto a inconsistência da forma simples era o fato de ela ser *limitada* a apenas duas mercadorias, a inconsistência da forma desdobrada é exatamente o contrário, o fato de ela ser *ilimitada,* pois qualquer nova mercadoria que passa a ser produzida aumenta o rol de equivalentes particulares do linho, tornando a quantidade de equivalentes do linho algo infinito.

Como resolver essa inconsistência da *forma total ou desdobrada*? As próprias mercadorias encontram uma solução. Uma vez que todas se relacionam com o linho, elas o elegem como o seu equivalente geral. Assim, todas as mercadorias terão um único equivalente, um *equivalente geral,* o linho. Na forma geral do valor, a quantidade de mercadorias na forma equivalente não será mais infinita como era na *forma total ou desdobrada.* Agora terá uma única forma equivalente geral para todas as mercadorias. A forma equivalente não será mais o resultado aleatório, caótico e desordenado provocado pelo surgimento de cada nova mercadoria que entra em circulação. Independentemente das novas mercadorias que ingressam, todas terão o mesmo equivalente, *o equivalente geral,* obra comum de todas as mercadorias.

Inicialmente, diz Marx (1983, I, p. 82), "essa forma de equivalente geral surge e desaparece com o contato social momentâneo que lhe deu vida. É atribuída alternativa e transitoriamente a esta ou àquela mercadoria".

Somente quando as mercadorias encontram nos metais preciosos os produtos mais aptos para cumprir a função de *equivalente geral* é que surge a *forma dinheiro.* O dinheiro é, portanto, uma mercadoria metálica que assume a forma de *equivalente geral,* assume a função de expressar o valor ou de ser o valor de troca de todas as outas mercadorias. Por suas características de elevada dureza e, com isso, maior resistência ao manuseio, além de seu grande valor por unidade, os metais preciosos são as mercadorias que mais se adaptam a cumprir a função de ser dinheiro. Como se vê, o dinheiro nada mais é do que uma mercadoria escolhida por todas as outras para desempenhar o papel de *equivalente geral,* isto é, o papel de expressar o valor de todas as outras mercadorias. Assim desfaz-se o enigma do dinheiro. Ao conhecer o que é uma mercadoria, conhecemos o que é o dinheiro. Os metais preciosos só passaram a desempenhar a função de dinheiro porque eles próprios são mercadorias, por serem produtos do trabalho humano concreto e possuírem, por isso, um valor de uso, além de serem produtos do trabalho humano abstrato e, assim, possuírem um valor.

Quando os metais preciosos são substituídos por símbolos monetários, como a libra esterlina etc., surge a *forma preço.* Assim, o preço nada mais é do que uma forma simbólica do valor ou da quantidade de trabalho humano abstrato contido nas mercadorias. O preço nada mais é do que o valor de troca nas sociedades onde já existe o dinheiro, nas sociedades nas quais o processo de troca já se desenvolveu ao ponto de eleger um metal precioso como *equivalente geral* e criou um símbolo monetário para expressar a quantidade do metal precioso em cada relação de troca. Nesse sentido, o preço é sempre um valor de troca, mas o valor de troca nem sempre assumiu a *forma preço*.

O preço, enquanto valor de troca, ao invés de revelar o valor contido em cada mercadoria, o oculta. Não há como saber quanto de trabalho humano abstrato o preço de determinada mercadoria representa. O preço oculta que o trabalho é a substância do valor das mercadorias. A esse respeito, Marx observa que, na *forma simples de valor*, a expressão "20 varas de linho equivalem a um casaco" revela claramente que se trata da relação entre os trabalhos de dois produtores. No entanto, quando o casaco é substituído pelo preço, como, por exemplo, "20 varas de linho equivalem a duas libras esterlinas", o trabalho humano fica oculto atrás do preço, pois o preço, assim como o dinheiro que lhe corresponde, não indicam quanto de trabalho representam. Através do preço de uma mercadoria não há como saber quanto de trabalho humano abstrato social é necessário para produzi-la. O próprio processo de trabalho que deu origem à mercadoria permanece oculto. Parece que as mercadorias vêm sozinhas ao mercado se trocar. Se nos primórdios das trocas ficava evidente aos produtores que eles estavam trocando os produtos de seus próprios trabalhos, quando o dinheiro e os preços passam a mediar as trocas parece não existir qualquer relação entre os preços e a quantidade de trabalho humano abstrato contido nas mercadorias. Os preços parecem ter total autonomia frente ao trabalho humano. Parece que os preços são determinados somente pela relação entre a oferta e a procura das mercadorias, uma relação existente exclusivamente na instância da circulação, sem ter, aparentemente, qualquer relação com a instância da produção.

Para Marx, ao contrário, o valor de troca ou o preço das mercadorias é apenas uma forma de manifestação do valor, uma forma ilusória, aparente, imediata, o modo através do qual o valor se expressa no mercado. Quando observamos os preços das mercadorias nas gôndolas de um supermercado não percebemos que eles ocultam a quantidade de trabalho humano contido nas mercadorias. Os preços, assim, são imagens enganosas, imagens que escondem o trabalho humano abstrato contido em qualquer mercadoria.

Esse processo de encobrimento do trabalho humano realizado pelos preços faz com que a relação social entre os produtores apareça para eles como relações sociais entre coisas. Por exemplo, se depois de receber uma determinada quantidade de dinheiro como pagamento da mercadoria que produziu, um produtor for comprar um meio de subsistência, como pão, sua relação com o padeiro aparecerá para ambos como ela é, como a relação entre duas coisas, o dinheiro e o pão, pois se o produtor não tiver dinheiro e o padeiro não tiver a mercadoria (pão), os dois não estabelecerão essa relação de troca, não se relacionarão socialmente. A relação social entre ambos aparece para eles como ela é: como uma relação entre as coisas que ambos possuem. O capitalismo é uma forma de produzir a vida que generalizou a produção de mercadorias. Nele, todos somos dependentes das mercadorias para sobreviver, todos somos dependentes de produtos cuja propriedade é alheia. Por isso, acabamos nos tornando reféns das mercadorias, uma vez que, sem elas, não conseguimos sobreviver. Nossa vida passa a estar submetida à aquisição dessas coisas. Essa é a razão que faz com que elas nos enfeiticem. Passamos a vida inteira submetidos à aquisição de mercadorias para sobreviver.

Estas coisas (mercadorias e dinheiro) vão ganhando cada vez mais autonomia frente aos seus produtores e estes vão sendo mais e mais dominados pelas coisas que eles próprios produzem, tornando-se reféns delas. Afinal, que temor maior de uma pessoa na sociedade atual do que ficar sem as mercadorias necessárias à sua sobrevivência? Que temor maior do que não ter dinheiro para comprar as mercadorias capazes de sanar nossas necessidades essenciais? O capitalismo, olhado através das lentes de Marx, é um mundo dominado pelas coisas, um mundo em que os homens sequer se reconhecem enquanto produtores dessas coisas que os dominam. Nesse mundo, o mundo das mercadorias, as relações sociais entre os produtores aparecem para eles de maneira invertida, ou seja, aparecem como relações entre coisas, relações reificadas. O problema é que essas relações coisificadas não são mera aparência. O capitalismo, por ter generalizado a produção de mercadorias, transformou, de fato, as relações sociais entre os produtores em relações entre coisas. A isso Marx chama de fetichismo ou feitiço da mercadoria. O fetichismo é expresso na própria linguagem utilizada por Marx. Os produtores sequer aparecem no capítulo I. As mercadorias, por sua vez, aparecem como sujeitos de todo o processo de troca, assumindo, como vimos, determinados papéis, como se fossem personagens vivos de um drama: "o linho assume o papel ativo, e o casaco o papel passivo". (MARX, 1983, I, p. 54) Nesse mundo, o mundo das mercadorias, as coisas (mercadorias e dinheiro) ganham vida e parecem se relacionar autonomamente entre si. Apesar dos seres humanos serem aqueles que produzem as mercadorias, sem os quais as mesmas não existiriam, esses produtores raramente aparecem no capítulo I. O fetichismo, ou feitiço da mercadoria, não significa, portanto, almejar uma vida luxuosa e o consumo de coisas supérfluas. Se fosse isso, seria possível superar o fetichismo individualmente. No entanto, o fetichismo é algo muito mais profundo. Consiste na necessidade cotidiana de adquirir coisas indispensáveis à vida que são propriedade alheia. Afinal, como prescindir das mercadorias necessárias à nossa sobrevivência e, em consequência, como abdicar do dinheiro, indispensável à aquisição dessas mercadorias essenciais à vida? Por isso, desde tenra idade, as pessoas se tornam reféns do dinheiro e das mercadorias. Para Marx, a superação total do fetichismo que as mercadorias exercem sobre nós não é possível individualmente, mas somente numa sociedade que tiver superado a própria produção de mercadorias. Assim diz Marx: "a figura do processo social da vida, isto é, do processo da produção material, apenas se desprenderá do seu místico véu nebuloso quando, como produto de homens livremente socializados, ela ficar sob seu controle consciente e planejado". (MARX, 1983, I, p. 76) Mas o que é preciso para construir uma sociedade na qual o processo de produção da vida esteja sob o controle consciente dos produtores? Marx afirma que, para isso, é preciso uma "base material da sociedade, (que requer) uma série de condições materiais de existência, que, por sua vez, são o produto natural de uma evolução histórica longa e penosa". (MARX, 1983, I, p. 76) Marx está nos dizendo que, para superar o fetichismo, é necessário construir uma sociedade onde as relações sociais entre os produtores sejam transparentes, o que exige uma sociedade de "homens livremente socializados", (MARX, 1983, I, p. 75) onde os meios de produção sejam socializados e as classes sociais tenham sido superadas. Somente assim, diz Marx (1983, I, p. 75), "as circunstâncias cotidianas, da vida prática, representarão para os homens relações transparentes e racionais". Ou seja, no capitalismo, modo de produção dominado pelas mercadorias e pelo dinheiro, nossas relações sociais não são transparentes nem racionais. Para que as classes sociais continuem existindo, é preciso que um dos fundamentos das relações sociais, o trabalho humano, permaneça oculto por trás do movimento aparente e ilusório das mercadorias e do dinheiro. Isso nos leva a refletir se tudo isso que presenciamos cotidianamente, o dinheiro circulando, as mercadorias circulando, pessoas circulando em busca dessas coisas, não passa de uma manifestação superficial da vida, uma expressão ofuscada e irracional e, por isso, ilusória e aparente das nossas reais relações sociais. Toda a circulação de pessoas, de mercadorias e de dinheiro não seria uma mera sombra, como aquela projetada no fundo da caverna da alegoria descrita por Sócrates, uma imagem que não revela todos os matizes das nossas relações sociais? O desvelamento das sombras produzidas pela produção de mercadorias é o desafio que Marx coloca a si mesmo no decorrer de *O capital.*

Está lançado, assim, já no capítulo I, o problema a ser enfrentado. Como controlar de maneira consciente e transparente o processo de produção social da vida? Em que consistiria essa "evolução histórica longa e penosa" indispensável para realizar a passagem para as novas condições materiais de existência? Como pode se dar essa passagem? É justamente através desse percurso que Marx nos conduzirá, em *O capital,* à história que corresponde ao período de transição entre o momento atual e a construção das condições de superação dessa sociedade baseada na produção generalizada de mercadorias, a sociedade capitalista, e, através dessa construção, à preparação das condições de uma sociedade de "homens livremente socializados". Ou seja, *O capital* compreende um árduo caminho, uma tortuosa trilha que parte de uma situação na qual os produtores se encontram totalmente enfeitiçados pelas mercadorias e pelo dinheiro, na busca dessas coisas para sobreviver, sem perceber que estão amarrados a uma espécie de domínio quase absoluto. Partindo dessa situação, de uma classe trabalhadora desorganizada, com trabalhadores atomizados, ruma-se até o momento de superação do capitalismo.

Desde que a espécie humana surgiu na face da Terra, ela produziu valores de uso ao transformar a natureza em algo útil para si. A espécie humana sobreviveu por centenas de milhares de anos antes de realizar trocas. Ou seja, os homens sobreviveram por muito tempo sem produzir mercadorias, produzindo apenas valores de uso, sem que fosse necessário quantificar seu valor de troca nem quantificar o dispêndio de trabalho exigido em sua produção. Se a forma mercadoria dos produtos do trabalho nem sempre existiu, seria ela imprescindível à nossa sobrevivência? Poderia a humanidade vir a superar a forma mercadoria dos produtos do trabalho? A humanidade poderia voltar a viver sem produzir mercadorias? Ou, em sentido contrário, enquanto subsistir na face da Terra, a humanidade estaria fadada a produzir mercadorias para atender aos interesses do chamado mercado?

Esse é um dos problemas centrais a serem enfrentados durante o longo percurso d'*O capital*. Uma coisa, no entanto, é certa: enquanto durar o capitalismo, a mercadoria será necessária, pois estamos diante de uma sociedade de proprietários privados, na qual a imensa maioria dos produtos que cada um precisa para sobreviver é propriedade alheia. Por isso, a maioria dos produtos do trabalho assume, no capitalismo, um duplo caráter: é valor de uso e, ao mesmo tempo, valor de troca.

O dinheiro e a mercadoria são, ambos, produtos sociais, históricos, próprios de um período determinado e, portanto, transitório. O dinheiro, enquanto valor de troca, não é algo intrínseco aos produtos do trabalho humano, não faz parte de sua natureza. Como diz Marx, ironicamente: "Até agora nenhum químico descobriu valor de troca em pérolas ou diamantes". (MARX, 1983, I, p. 78) O valor de troca não faz parte da natureza dos produtos do trabalho humano.

A questão é: como superar a forma mercadoria?

AS MERCADORIAS E SEUS GUARDIÕES

Marx inicia o capítulo II superando a autonomia absoluta das mercadorias frente aos produtores exposta no capítulo I. Assim diz Marx (1983, I, p. 79): "As mercadorias não podem por si mesmas ir ao mercado e se trocar. Devemos, portanto, voltar a vista para seus guardiões, os possuidores de mercadorias". No capítulo I, as mercadorias iam sozinhas ao mercado se trocar, possuíam diferentes papéis, uma com papel ativo, outra com papel passivo. Mas isso era falso. Uma falsidade que é agora superada. As mercadorias não vêm ao mundo sem que sejam produzidas pelo trabalho humano. Marx inicia pelo mais aparente, inicia pelo falso, para depois superá-lo.

Os papéis que o linho e o casaco estabeleceram no capítulo I, um se espelhando no outro, independentemente dos homens, aparecem aqui como mera ilusão produzida pelas relações mercantis, pois, na verdade, "para que essas coisas se refiram umas às outras como mercadorias", afirma Marx, "é necessário que os seus guardiões se relacionem entre si como pessoas (...)". (MARX, 1983, I, p. 79) Ao contrário do capítulo I, aqui no capítulo II, as mercadorias não têm vida própria, não se relacionam por si sós, sem a intervenção de seus produtores. Encontra-se aqui um dos momentos negativos d'*O capital*. Aqui, o produtor de mercadorias começa a se reconhecer no outro como alguém igual a ele, alguém que está na mesma condição social, na condição de proprietário privado de uma mercadoria. Enquanto no capítulo I quem se reconhecia eram as mercadorias que, supostamente, possuíam vida própria em seu próprio mundo, aqui, no capítulo II, as mercadorias não passam de produtos daqueles que as produziram.

O capítulo II já realizou, portanto, um salto em relação ao anterior. Nesse capítulo II os produtores já se reconhecem enquanto tais, de maneira superior ao fetichismo absoluto exposto no capítulo I. Quais seriam as condições necessárias para que os produtores troquem mercadorias entre si? Para realizarem as trocas, os produtores "devem (...) *reconhecer-se* reciprocamente como *proprietários privados*". (MARX, 1983, I, p. 79, grifos nossos) A noção de reconhecimento retorna aqui, mas agora não mais como reconhecimento entre o linho e o casaco, o primeiro cumprindo um papel ativo e o segundo um papel passivo, conforme exposto no capítulo I. (MARX, 1983, I, p. 54) Agora, são os produtores que "se reconhecem reciprocamente", ou seja, cada um só se reconhece como produtor *na relação* com outro produtor, só se reconhece espelhando-se no outro. Os produtores se reconhecem enquanto "proprietários privados".

Apesar de já iniciada, a superação do fetichismo dá apenas seus primeiros passos. Marx faz, nesse sentido, uma observação que se mostrará reveladora mais adiante, no final do capítulo IV: "Cada um, apenas mediante um *ato de vontade comum a ambos*, se apropria da mercadoria alheia enquanto aliena a própria". (MARX, 1983, I, p. 79, grifo nosso) Aqui, no capítulo II, os produtores de mercadorias vão *voluntariamente* ao mercado, impulsionados, como diz Marx, por uma "vontade comum a ambos". Ninguém força o produtor de linho a trocar seu produto com o produtor de casaco. O mesmo ocorre com o produtor de casaco. Ambos vão ao mercado voluntariamente.

Na sequência do capítulo II, Marx descreve sinteticamente o processo histórico que deu origem à mercadoria e ao dinheiro. Na origem da humanidade, o trabalho era comum no interior das comunidades primitivas, não se produzia mercadorias, mas apenas coisas úteis para a sobrevivência, ou seja, apenas valores de uso para os membros que compunham as próprias comunidades. O trabalho não possuía ainda um duplo caráter: trabalho humano concreto ou a atividade orientada a produzir algo útil, por um lado, e trabalho humano abstrato, o dispêndio de energia humana, por outro. Nas comunidades primitivas que antecederam as trocas mercantis, não era necessário medir a quantidade de trabalho humano, pois tratava-se apenas de produzir algo útil para a própria comunidade. Independentemente da quantidade de trabalho, os produtos eram consumidos pelos próprios membros da comunidade, assim como os produtos de subsistência de uma família camponesa. Medir o valor dos produtos era desnecessário, pois ninguém perderia na troca, simplesmente porque os produtos não eram produzidos para a troca. Estes *não assumiam, por isso, o caráter de mercadoria.* As trocas mercantis não ocorriam no interior das comunidades primitivas, pois, dentro delas, todo o produto era comum, uma vez que os meios de produção eram comuns. A presença da propriedade comum dos meios de produção impede que os produtos do trabalho humano se transformem em mercadoria.

Embora no capítulo II Marx avance na superação do fetichismo absoluto existente no capítulo I, a maneira como o desenvolvimento da mercadoria é descrita aqui é ainda repleta de ilusão. Por exemplo, aqui as trocas iniciam como algo casual, para, aos poucos, irem se transformando num processo regular, quando vai aumentando a necessidade por produtos estrangeiros, o que, com o passar do tempo, aprofunda a divisão do trabalho no interior da comunidade, privilegiando aqueles produtos que passam a ser "intencionalmente feitos para a troca". (MARX, 1983, I, p. 82) Ou seja, Marx descreve aqui o surgimento e o desenvolvimento da mercadoria como um processo idílico, não violento. Assim afirma Marx: "A partir desse momento, consolida-se, por um lado, a separação entre a utilidade das coisas para as necessidades imediatas e sua utilidade para a troca. Seu valor de uso dissocia-se de seu valor de troca". (MARX, 1983, I, p. 82) Os produtos que podem ser trocados tornam-se mercadorias e ganham um valor de troca, além de um valor de uso. Aqueles produtos que não se adequam às trocas possuem apenas um valor de uso, sem qualquer valor de troca. A divisão do trabalho se aprofunda no interior das comunidades e a forma mercadoria de alguns produtos vai se consolidando. A contínua comparação das mercadorias com uma terceira mercadoria a coloca como equivalente geral. Nos povos nômades, o gado cumpriu esse papel por ser uma mercadoria móvel por natureza, mas "na medida em que a troca de mercadorias rompe seus laços apenas locais", a forma dinheiro se adere "a mercadorias que por natureza são adequadas para a função social de equivalente geral, os metais preciosos". (MARX, 1983, I, p. 82) O dinheiro é a forma de mercadoria que mais enfeitiça os homens, porque mediante sua posse seu proprietário torna-se capaz de se apropriar de qualquer mercadoria. "O enigma do fetiche do dinheiro é, portanto, apenas o enigma do fetiche da mercadoria, tornado visível e ofuscante". (MARX, 1983, I, p. 85) Para Marx, trata-se de superar "a conduta meramente atomística dos homens em seu processo de produção social e, portanto, a figura reificada de suas próprias condições de produção, que é independente de seu controle e de sua ação consciente individual". Trata-se, portanto, de superar a situação social na qual "seus produtos de trabalho assumem em geral a forma mercadoria". (MARX, 1983, I, p. 85) Vejamos se o próximo capítulo avança algo nesse sentido.

O OFUSCANTE FEITIÇO DO DINHEIRO

Ao invés de continuar superando o feitiço da mercadoria, como vinha ocorrendo no capítulo II em relação ao capítulo I, no capítulo III o feitiço retorna com força total. Aqui, os produtores que se reconheciam reciprocamente no capítulo II dão lugar a uma tumultuada relação de amor entre as mercadorias e o dinheiro. Esses produtos voltam a ganhar vida e voltam a dominá-los. "A mercadoria", diz Marx, "ama o dinheiro, mas *the course of true love never does run smooth*".[1] (MARX, 1983, I, p. 96) Quando o amor que a mercadoria sente pelo dinheiro não é correspondido, quando ela ama mais o dinheiro do que o dinheiro a ama, a infeliz mercadoria será obrigada a permanecer na esfera da circulação, não tendo, por isso, o prazer de servir como algo útil na esfera do consumo. Tudo porque o dinheiro lhe negou o seu amor. O possuidor da mercadoria aparece mais uma vez como seu refém, pois, caso o dinheiro não a deseje, não é ela quem será depenada, mas o seu possuidor, diz Marx (1983, I, p. 95), ironicamente. Como se vê, quando o produtor aparece aqui no capítulo III, aparece apenas como coadjuvante da tragédia provocada pela crise amorosa entre a mercadoria e o dinheiro. O processo de superação do feitiço exercido pela mercadoria e pelo dinheiro mostra-se difícil e tortuoso. Observando mais de perto, percebe-se que essa luta passional entre

[1] O curso do verdadeiro amor nunca é suave.

mercadoria e dinheiro, essa tentativa desesperada da mercadoria realizar sua metamorfose em dinheiro (M – D) é a expressão da luta levada a cabo pelo valor contido na mercadoria, ao tentar se libertar do corpo da mercadoria e migrar, livre e solto, para o dinheiro. Despois de vendida a mercadoria, o valor nela contido poderá, agora livre sob a forma de dinheiro, pousar em qualquer outra mercadoria, realizando, assim, o próximo momento do movimento, a compra de outra mercadoria. O momento da venda (M – D) corresponde ao momento no qual o valor se liberta do valor de uso ou do corpo da mercadoria. O momento da compra (D – M) representa o novo aprisionamento do valor no corpo de outra mercadoria. É nesse sentido que Marx afirma haver uma antítese interna na mercadoria, uma luta entre valor e valor de uso. Essa antítese interna se manifesta externamente através da antítese entre valor de uso e o valor de troca ou o preço da mercadoria. Desse modo, o preço ou o valor de troca de cada mercadoria não passa de uma expressão externa da antítese interna ou da luta existente no interior de cada mercadoria entre valor de uso e valor (MARX, 1983, I, p. 100), conforme pode ser visto na figura a seguir:

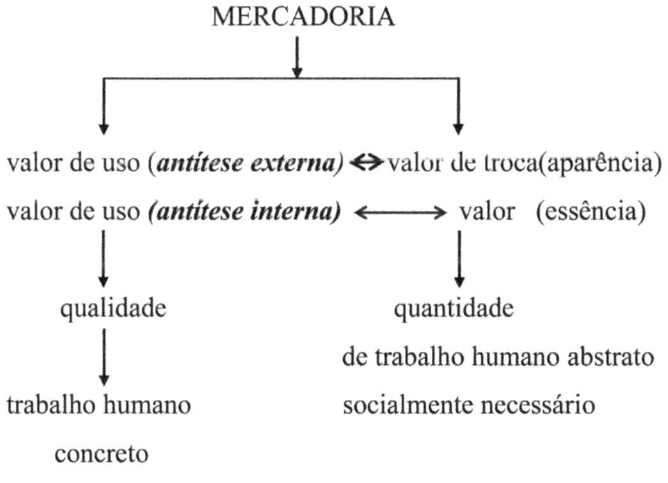

Figura 1: Duplo caráter do produto do trabalho humano assim que ele assume a forma mercadoria.

Caso o valor não vença a luta para se libertar do corpo das mercadorias que o aprisiona, ocorrerá a interrupção temporária e parcial do processo de circulação. Dependendo da dimensão dessa interrupção, ela pode significar uma crise comercial. (MARX, 1983, I, p. 100)

Portanto, os preços das mercadorias, ao cumprirem a função de medida do valor, o ocultam ao invés de revelarem-no. Isso significa que não há como saber o valor das mercadorias apenas observando os seus preços, pois sua forma monetária não esclarece a quantidade de trabalho humano abstrato socialmente necessário por ela representado. Nesse sentido, Marx (1983, I, p. 92) afirma que "a possibilidade de uma (...) divergência entre o preço e a grandeza de valor é (...) inerente à própria forma preço". Enquanto os preços variam permanentemente conforme a relação de oferta e procura da mercadoria, o valor varia com menos frequência, somente quando há a alteração da produtividade do trabalho, pois isso modifica a quantidade de trabalho humano abstrato socialmente necessário para produzir a mercadoria.

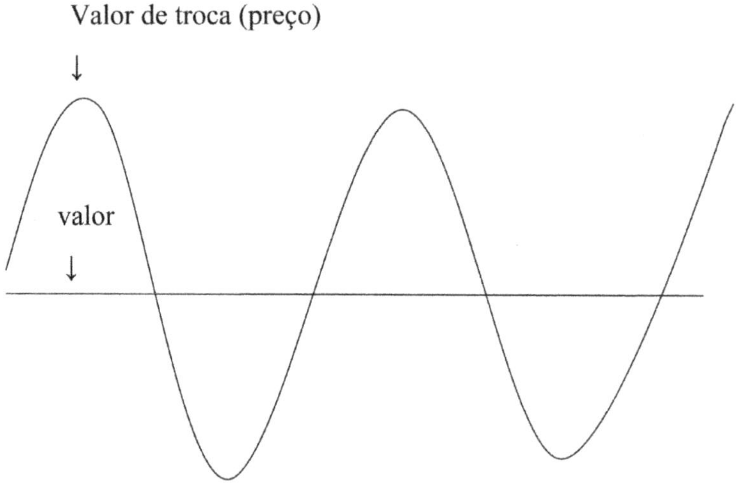

Gráfico 1: relação entre o valor de troca (preço) e o valor de uma mercadoria (Elaboração própria)

Marx (1983, I, p. 92) considera que as diferenças entre preço e valor "não são um defeito da forma preço, mas tornam-na, ao contrário, a forma adequada a um modo de produção em que a regra somente pode impor-se como lei cega da média à falta de qualquer regra". Ou seja, numa sociedade em que não há um planejamento da produção baseado no consumo, numa sociedade onde reina a anarquia do mercado decorrente da concorrência entre empresas privadas, as oscilações dos preços são o melhor indicador da escassez ou da abundância da oferta de cada mercadoria em relação à demanda.

Trata-se aqui ainda da circulação simples de mercadorias, cujo objetivo é vender uma mercadoria que não possui valor de uso para o seu produtor em troca de uma mercadoria que possui um valor de uso para ele, ou seja, M – D – M (Mercadoria – Dinheiro – Mercadoria). No entanto, se a venda ou o momento M – D for interrompido, não havendo posteriormente a compra, a mudança de valor de uso deixa de ser o objetivo final da circulação. A finalidade do processo passa a ser o valor e, mais do que isso, a acumulação do valor. Esse é o caso da prática do entesouramento, outra função que o dinheiro assume. O entesourador vende a sua mercadoria não para comprar outra, mas para guardar o dinheiro recebido na venda (M – D). Essa tentativa de enriquecimento através do entesouramento é considerada por Marx (1983, I, p. 113) como algo sem sentido, equivalente ao trabalho de Sísifo, aquele personagem da mitologia grega cujos deuses castigaram a levar uma enorme pedra ao cume de uma montanha e, chegando lá, a pedra voltava a cair, forçando-o a continuar a tarefa indefinidamente. A tentativa de enriquecimento através do entesouramento é algo sem sentido porque se eu guardo 100 de valor, esses 100 não vão se valorizar. Permanecerão com o valor de 100. Para enriquecer através do entesouramento preciso guardar outro valor além dos 100 originais. Veremos a partir do capítulo IV que o capitalismo proporciona formas muito mais sofisticadas de enriquecimento do que o entesouramento.

Da mesma forma que o dinheiro entesourado, quando o dinheiro age na função de meio de pagamento, como, por exemplo, através de uma compra a prazo, o dinheiro entra aqui apenas virtualmente, na forma de uma promessa de pagamento futuro, pois "a alienação da mercadoria separa-se temporalmente da realização de seu preço". (MARX, 1983, I, p. 114)

O crédito facilita a realização das vendas, podendo, com isso, adiar a crise, mas nunca evitá-la, (MARX, 1983, I, p. 116) pois caso os pagamentos não se realizem no futuro, isso tenderá a provocar um efeito em série. Cada produtor que não recebe o pagamento não consegue pagar o seu fornecedor, provocando, assim, a interrupção das vendas que o sistema de crédito havia adiado.

No final do capítulo III, que encerra também toda a Seção I do Livro I, o dinheiro assume sua forma mais sublime. Enquanto o dinheiro não se transforma em capital, sua forma mais poderosa é o dinheiro mudial. É impossível que o dinheiro conquiste mais poder do que na roupagem na qual todas as mercadorias do mundo são convertidas. Na nossa época, é o dólar que veste essa roupa de dinheiro mundial, representando, assim, maior poder do que as demais moedas nacionais. Daí em diante, o poder do dinheiro somente poderá aumentar se ele se converter em capital, que, não por acaso, é o título do próximo capítulo[2].

[2] Conforme afirma Benoit (1996, p. 24) "Se com o dinheiro mundial se chegou à máxima ampliação das contradições imanentes da forma dinheiro, a questão agora é saber como o dinheiro se desenvolveu para se transformar em capital".

A TRANSFORMAÇÃO DO DINHEIRO EM CAPITAL

Para que o dinheiro se converta em capital ele precisa assumir um movimento próprio, precisa criar sua própria forma de circulação, a circulação do dinheiro como capital, que inicia com uma compra, onde o possuidor de dinheiro compra mercadorias (D – M) para depois vender uma mercadoria com valor maior do que aquele investido inicialmente (M – D')[3]. O objetivo da circulação do dinheiro como capital é aumentar o valor apropriado. Trata-se aqui de uma alteração do valor e não de uma mudança do valor de uso. Trata-se da circulação D – M – D'. É uma forma de circulação que visa a valorização do valor, visa o enriquecimento privado do possuidor de dinheiro, que "como portador consciente desse movimento [...] torna-se capitalista". Marx (1983, I, p. 129) ironiza: "Sua pessoa, ou melhor, seu bolso, é o ponto de partida e o ponto de retorno do dinheiro".

A circulação de dinheiro como capital se diferencia totalmente da outra forma de circulação, já vista no capítulo III, a circulação simples de mercadorias, na qual o produtor vende sua mercadoria, trocando-a por dinheiro (M – D) e, com esse dinheiro, compra outra mercadoria (D – M). Ao contrário da circulação de dinheiro como capital, o objetivo da circulação simples de mercadorias é a modificação do

[3] O sinal de aspa simples (') após a letra D na fórmula expressa a mais-valia, um valor a mais até então inexistente.

valor de uso. O valor da primeira mercadoria é o mesmo da segunda. Trocam-se valores equivalentes. A primeira mercadoria não era útil para o seu possuidor, o que o levou a trocá-la por outra mercadoria útil, através da mediação do dinheiro. Trata-se da circulação M – D – M (Mercadoria – Dinheiro – Mercadoria). Essa é a forma de circulação que todas as pessoas que participam do mercado realizam, tanto capitalistas quanto trabalhadores, com o objetivo de comprar os seus meios de subsistência, incluindo, no caso dos capitalistas, seus artigos de luxo. Trata-se de adquirir meios de subsistência ou bens de luxo por meio da troca de mercadorias intermediada pelo dinheiro.

A circulação do dinheiro como capital, ao contrário, é realizada apenas pelos capitalistas, pois esses são os únicos que possuem dinheiro em montantes que, além de exceder a necessidade de sua subsistência, são suficientes para comprar meios de produção e força de trabalho alheia, o que os torna capazes, portanto, de investir no processo de valorização do valor (D – M – D').

Resumidamente, podemos expressar as diferenças entre as duas formas de circulação da seguinte maneira:

Tabela 1: diferenças entre a circulação simples de mercadorias e a circulação de dinheiro como capital (Elaboração própria)

Circulação simples de mercadorias	**Circulação de dinheiro como capital**
vender para comprar	comprar para vender
objetivo é uma mudança qualitativa, uma mudança no valor de uso	objetivo é uma mudança quantitativa, um aumento do valor
sai da esfera da circulação para a esfera do consumo	permanece na esfera da circulação (é um movimento incessante de valorização do valor)

Marx pergunta então como se origina a mais-valia. A primeira hipótese levantada é que a mais-valia se origine somente na instância da circulação. A troca de equivalentes, diz Marx (1983, I, p. 126), como 100 trocados por outros 100, seria desprovida de conteúdo, não sendo possível surgir daí qualquer mais-valia.

Marx (1983, I, p. 136) supõe então a troca de não-equivalentes, lançando a hipótese de um produtor de vinho que "passa a perna" num produtor de cereal. O primeiro possui vinho no valor de 40 libras esterlinas e troca essa quantia de vinho por 50 libras esterlinas de cereal. Mediante essa troca o produtor de vinho ganhou 10 e o produtor de cereal perdeu 10 libras esterlinas. Essas 10 libras esterlinas ganhas pelo produtor de vinho poderiam ser consideradas mais-valia? Poderiam essas 10 libras esterlinas a mais apropriadas por um dos membros da troca explicar a origem do capital? Marx explica que não, pois tanto antes quanto depois da troca havia um total de 90 libras esterlinas, 50 libras esterlinas de um lado e 40 de outro. No processo de troca não há criação de novo valor. "O valor circulante não aumentou um átomo, a sua repartição (...) é que se modificou". (MARX, 1983, I, p. 136) Alguém pode enriquecer comprando mais barato e vendendo mais caro? Sim, mas, segundo Marx, isso não explica a origem da mais-valia. Para que a mais-valia surja é preciso que se produza um valor novo, é preciso que haja um acréscimo no valor existente, o que não ocorre na instância da circulação. Portanto, não é possível explicar a origem da mais-valia exclusivamente na instância da circulação.

O capital não provém de um ato de esperteza ou de logro, nem surge de um privilégio de comprar mais barato ou vender mais caro. (MARX, 1983, I, p. 134)

Se a mais-valia não surge da circulação, de onde ela pode se originar? Uma resposta possível é que a mais-valia provenha da instância da produção. Mas esta resposta não é precisa o suficiente. Marx (1983, I, p. 140) dá o exemplo de um produtor de botas que, com seu próprio trabalho, adiciona valor aos meios de produção, como o couro etc. Nesse caso, não há o problema existente no exemplo anterior, pois aqui há valor novo criado pelo trabalho humano abstrato do sapateiro. Mas esse valor novo corresponderia à mais-valia? A mais-valia seria o valor novo criado pelo trabalho do próprio proprietário dos meios de produção, como é o caso do nosso sapateiro? A resposta de Marx (1983, I, p. 140) é negativa. Ele explica que para transformar dinheiro em capital, "o possuidor de dinheiro precisa encontrar (...) o trabalhador livre no mercado de mercadorias". Ou seja, para que o dinheiro se transforme em capital é imprescindível que haja a exploração de trabalho *alheio,* é indispensável que o possuidor de dinheiro contrate um trabalhador assalariado para explorar. Ninguém pode ser seu próprio capitalista, explorar a si mesmo ou extrair mais-valia de si mesmo. Sem esta relação social entre aquele que pretende se tornar um capitalista e aquele que já é um proletário, encontro que se realiza na instância da circulação, é impossível a produção de mais-valia e, consequentemente, é impossível o surgimento do capital. Por isso, apesar da mais-valia provir do trabalho que ocorre na instância da produção, se antes da produção não acontecer a compra e venda da força de trabalho na instância da circulação, não ocorrerá a produção de mais-valia. Isso leva Marx (1983, I, p. 138) a concluir que o "capital não pode, portanto, originar-se da circulação e, tampouco, pode não originar-se da circulação. Deve, ao mesmo tempo, originar-se e não se originar dela". Ou seja, a mais-valia não se origina apenas na esfera da produção. Para a mais-valia ser criada na esfera produtiva é preciso que o dono do dinheiro, "por enquanto ainda presente apenas como capitalista larvar", (MARX, 1983, I, p. 138) passe pela esfera da circulação e compre meios de produção e, sobretudo, compre força de trabalho *alheia.* Ou seja, é necessário que o dono do dinheiro realize o movimento de compra D – M, coloque as mercadorias, *força de trabalho e meios de produção* em relação entre si na esfera da produção e, desse modo, utilize a força de trabalho que comprou, forçando o seu proprietário, o trabalhador assalariado, a produzir mais-valia. Somente então, depois de passar pelas instâncias da circulação e da produção, o capitalista larvar terá se tornado capitalista de fato, ao se apropriar de mais-valia. Depois de produzida a mercadoria, o capitalista terá que retornar à esfera da circulação para vendê-la, convertendo o valor novamente em dinheiro (M' – D'). Somente assim o capitalista larvar atingirá a fase adulta, a fase de borboleta, tornando-se capaz de fazer o valor já valorizado voar para comprar novamente outras mercadorias, como a força de trabalho e os meios de produção, dando, desse modo, continuidade ao processo de produção e circulação do capital. Afinal, para continuar sendo capital, o valor não pode sair do ciclo D – M – D'. Depois de produzido o novo valor (D'), o valor volta a ser investido na produção de nova mais-valia, um novo ciclo D – M – D'. O capital é, portanto, um movimento *incessante* de autovalorização do valor. (MARX, 1983, I, p. 129)

Marx faz uma importante observação a respeito da liberdade do trabalhador assalariado. Esta liberdade é contraditória, possuindo um duplo sentido. O primeiro significado da liberdade do trabalhador assalariado é aquele mais comumente difundido, o de que "ele dispõe, como pessoa livre, de sua força de trabalho como sua mercadoria", (MARX, 1983, I, p. 140) sendo livre, portanto, para trocar de patrão, o que o diferencia de um escravo. O segundo sentido da liberdade do trabalhador assalariado, no entanto, é frequentemente oculto. Para se tornar assalariado, o trabalhador não pode possuir "outras mercadorias para vender, (deve estar) solto e solteiro, livre de todas as coisas necessárias à realização de sua força de trabalho". (MARX, 1983, I, p. 140) Nesse aspecto, o trabalhador assalariado se diferencia do servo medieval, que tinha acesso a alguns meios de produção necessários à produção de sua vida e de sua família. Para ser assalariado, o trabalhador precisa estar totalmente separado dos meios de produção necessários à produção de sua sobrevivência e de sua família.

Marx (1983, I, p. 140) estabelece algumas condições para que a mais-valia se origine. A mais-valia não pode ser explicada desrespeitando-se as leis das trocas de mercadorias. Ou seja, as trocas devem ser feitas entre valores equivalentes. Como vimos, a mais-valia não pode ser explicada através do logro ou da esperteza, ao comprar as mercadorias mais baratas ou vendê-las mais caras. Portanto, para que surja a mais-valia, o dono do dinheiro precisa:

1) comprar a força de trabalho e os meios de produção pelo valor;
2) vender a mercadoria produzida pelo valor;
3) extrair mais valor no final do processo D – M – D';
4) tudo isso deve e não deve ocorrer na instância da circulação.

"Essas são as condições do problema", (1983, I, p. 140) diz Marx. Essas condições sugeridas por Marx parecem impossíveis. Afinal, como extrair mais-valia comprando e vendendo tudo pelo valor? Como dar origem à mais-valia na esfera da circulação e, ao mesmo tempo, fora dela? Marx enfrentará esses problemas no próximo capítulo, o capítulo V.

Ainda no capítulo IV, Marx trata de um aspecto fundamental a respeito da força de trabalho. Diferentemente do senhor de escravos, o capitalista não compra o trabalhador. Compra a sua força de trabalho, ou seja, a potencialidade ou a capacidade que o trabalhador possui de trabalhar. A diferença é que o escravo era ele próprio uma mercadoria. Ao ser escravizado, o trabalhador tornava-se propriedade de um senhor. O trabalhador assalariado, por sua vez, é ele próprio o proprietário da sua força de trabalho. Não é o trabalhador assalariado que é vendido, mas a sua mercadoria *força de trabalho*, a sua potencialidade de trabalhar. No capitalismo, o trabalhador deixou de ser mercadoria. Ele próprio tornou-se um proprietário, o proprietário de sua força de trabalho. Nessa condição de proprietário, o trabalhador assalariado se relaciona com o proprietário dos meios de produção, que se torna, nessa relação social, um capitalista.

Se a força de trabalho é uma mercadoria, ela deve ter, como todas as mercadorias, um valor de uso e um valor, este último sendo representado pelo valor de troca, que, nesse caso, é o salário. O valor de troca ou o salário será analisado em detalhe na Seção VI do Livro I. O valor de uso que a força de trabalho possui para o capitalista é o de produzir mais-valia. E o valor da força de trabalho? Será possível medi-lo?

Como calculá-lo? Da mesma maneira que se calcula o valor de todas as outras mercadorias: através da quantidade de trabalho humano abstrato socialmente necessário contido nela. Para que o proletário possa vender a sua força de trabalho, ele precisa estar vivo e em condições de trabalhar. Portanto, o valor da força de trabalho é igual ao valor de todos os meios de subsistência necessários para manter um trabalhador em condições de trabalhar, como o alimento, a água, a moradia, o vestuário, a locomoção etc., "Parte dos meios de subsistência", observa Marx (1983, I, p. 142), "por exemplo, alimentação, aquecimento etc., é diariamente consumida e precisa ser diariamente reposta. Outros meios de subsistência, como roupas, móveis etc.," exigem períodos mais prolongados de tempo para serem consumidos. Por isso, só precisam ser repostos em períodos mais extensos de tempo, semanalmente, trimestralmente etc. "Seja a massa das mercadorias exigidas diariamente para a produção da força de trabalho = A, a exigida mensalmente = B", a exigida trimestralmente = C, etc., então, para medir o valor médio diário da força de trabalho basta aplicar a seguinte fórmula matemática:

$$\text{Valor médio diário da força de trabalho} = \frac{365A + 12B + 4C + \text{etc.}}{365}$$

Marx (1983, I, p. 142) faz ainda observações importantes sobre algumas particularidades da força de trabalho que a diferenciam das outras mercadorias. A primeira delas é que "o proprietário da força de trabalho é mortal. Se, portanto, sua aparição no mercado é para ser contínua, como pressupõe a contínua transformação de dinheiro em capital, então o vendedor da força de trabalho precisa perpetuar-se 'como todo indivíduo se perpetua pela procriação'". Assim, "as forças de trabalho subtraídas do mercado pelo desgaste e morte precisam ser continuamente substituídas ao menos por um número igual de novas forças de trabalho". Conclui-se que "a soma dos meios de subsistência necessários à produção da força de trabalho inclui, portanto, os meios de subsistência dos substitutos, isto é, dos filhos dos trabalhadores". (MARX, 1983, I, p. 142)

A segunda diferença entre o cálculo do valor da força de trabalho e do valor das outras mercadorias é que há no primeiro um componente histórico e moral. "As assim chamadas necessidades básicas dependem grandemente do nível cultural de um país, entre outras coisas também essencialmente sob que condições, e, portanto, com que hábitos e aspirações de vida se constituiu a classe dos trabalhadores livres". (MARX, 1983, I, p. 141) Esses aspectos históricos, morais e culturais fazem, por exemplo, o valor da erva-mate e da cuia de chimarrão integrar o valor da força de trabalho no estado do Rio Grande do Sul e não integrar em outras regiões nas quais o chimarrão não faz parte dos hábitos dos trabalhadores.

Mas as diferenças entre a composição do valor da força de trabalho e do valor das outras mercadorias são apenas essas duas. No restante, a maneira de calcular o valor da força de trabalho segue o princípio do cálculo do valor das demais mercadorias: a quantidade de trabalho humano abstrato socialmente necessário para produzi-la.

Outra observação importante sobre a troca entre a força de trabalho e o capital é a de que o trabalhador é quem adianta trabalho ao capitalista e não o capitalista quem adianta o salário ao trabalhador. Há algumas maneiras de comprovar isto. Quando o trabalhador ingressa num novo emprego, ele precisa trabalhar durante um período, seja de um dia, de uma semana ou de um mês, para somente depois receber o pagamento. A outra é que, quando ocorre a bancarrota do capitalista, o trabalhador não perde somente o salário creditado, "mas diversos outros efeitos mais duradouros". (MARX, 1983, I, p. 143-144)

Se no capítulo I eram coisas visíveis, como as mercadorias e o dinheiro, que enfeitiçavam os produtores, agora é o capital que enfeitiça tanto o capitalista quanto o trabalhador. O feitiço é provocado por algo invisível, muito mais difícil de perceber, o movimento de autovalorização do valor. O feitiço torna-se cada vez mais profundo, mais oculto, mas, ao mesmo tempo, contraditoriamente, como veremos ainda neste capítulo, continuam se desenvolvendo as condições para a sua superação.

Aproxima-se o final do capítulo IV e da Seção II. Se é no mercado ou na instância da circulação que o possuidor do dinheiro encontra a força de trabalho, o consumo dela ocorre em outra instância, na esfera da produção. Para compreender como se dá o consumo da força de trabalho, Marx faz, então, um convite ao leitor, convite esse que se tornará decisivo e cheio de significados no decorrer d'*O capital*. Assim Marx (1983, I, p. 144) nos convida: "abandonemos, junto com o possuidor do dinheiro e o possuidor da força de trabalho", a instância da circulação, "essa esfera ruidosa, existente na superfície e acessível a todos os olhos, para seguir os dois ao local oculto da produção, em cujo limiar se pode ler: *No admittance except on business*"[4]. Quando Marx está, no final da Seção II, nos convidando a abandonar a instância da circulação, ele está indicando que a Seção I, composta pelos capítulos I a III, corresponde à instância das trocas de mercadorias, àquilo que os economistas burgueses chamam de mercado, onde, segundo Marx (1983, I, p. 144), extraem-se concepções ainda bastante superficiais, como ele diz, "acessíveis a todos os olhos".

Já a esfera da produção, essa instância que estamos prestes a ingressar, é uma instância *oculta*, pois ela esconde o "segredo da fabricação de mais-valia". Nessa instância da produção, "há de se desvelar como ele é produzido, o capital". (MARX, 1983, I, p. 145)

Marx (1983, I, p. 145) expõe, então, os limites da instância da circulação de mercadorias: "A esfera da circulação ou do intercâmbio de mercadorias (...) era de fato um verdadeiro éden dos direitos naturais do homem". O mercado é um paraíso dos direitos humanos, onde todas as pessoas *aparecem* como se fossem iguais. Nessa instância, todos nós aparecemos comprando e vendendo mercadorias, todos nós, enquanto proprietários de mercadorias e de dinheiro, aparecemos realizando, de maneira livre e voluntária, a circulação simples de mercadorias (M – D – M). "O que reina aqui é unicamente Liberdade,

[4] "Não se permite a entrada a não ser a negócio". Veremos no capítulo VIII o enorme significado desse convite.

Igualdade, Propriedade e Bentham"[5]. (MARX, 1983, I, p. 145) Na instância da circulação, não se manifestam as contradições de classes. É dessa esfera superficial da circulação que "o livre-cambista vulgaris [como Bentham] extrai concepções, conceitos e critérios para seu juízo sobre a sociedade do capital e do trabalho assalariado". (MARX, 1983, I, p. 145)

E o mais importante é que "ao sair dessa esfera da circulação simples ou da troca de mercadorias (...), já se transforma (...) a fisionomia de nossa *dramatis personae*".[6] (MARX, 1983, I, p. 145) Que transformação seria essa? Ao ingressar na esfera da produção, "o antigo possuidor de dinheiro marcha adiante como capitalista". O outro, "o possuidor da força de trabalho, segue-o como seu trabalhador". (MARX, 1983, I, p. 145)

A partir daqui as ilusões de liberdade e de igualdade existentes na instância da circulação e reafirmadas pela economia política vulgar começam a ser superadas. Ao ingressarem na instância da produção, as pessoas passam a se manifestar conforme elas são, como membros de classes sociais cujos interesses são antagônicos. Afinal, um dos nossos personagens do capítulo IV, o capitalista, vai na frente, "cheio de importância, sorriso satisfeito e ávido por negócios" (MARX, 1983, I,

---

[5] Marx faz aqui uma ironia a Jeremy Bentham (1748-1832), um economista utilitarista, segundo o qual todo o valor se baseia na utilidade. Em uma nota de rodapé do capítulo XXI, Marx observa que Bentham não perde tempo em investigar a natureza humana historicamente modificada em cada época. "Com a mais ingênua secura, ele supõe o filisteu moderno, especialmente o filisteu inglês, como o ser humano normal. O que é útil para esse original homem normal e seu mundo é em si e para si útil. E por esse padrão ele julga então passado, presente e futuro". (MARX, 1983, II, p. 185) O utilitarismo se contrapõe à teoria do valor-trabalho defendida por William Petty (1623-1687), John Locke (1632-1704), Adam Smith (1723-1790), David Ricardo (1772-1823) e por Marx (1818-1883). Segundo William Stanley Jevons (1835-1882), o utilitarismo de Bentham é a base da teoria marginalista do valor, cujos fundamentos foram desenvolvidos pelo próprio Jevons e por Marie Ésprit-Léon Walras (1834-1910), em 1871 e 1874, alguns anos após, portanto, a publicação do Livro I d'*O capital* de Marx, em 1867.

[6] Personagens do drama.

p. 145) por ter comprado a força de trabalho e poder em breve explorar o seu trabalhador assalariado. Este segue o capitalista, ainda "tímido, contrafeito, como alguém que levou a sua própria pele para o mercado e agora não tem mais nada a esperar, exceto o — curtume". (MARX, 1983, I, p. 145) Ao transitar para a esfera da produção, o antagonismo entre as classes começa a ficar evidente, o antagonismo que permanecia oculto na instância da circulação, instância na qual os economistas burgueses extraem suas conclusões, como Bentham e tantos outros. Nesse momento da passagem da instância da circulação para a instância da produção, ocorre um salto no processo de superação do fetichismo da mercadoria. Os idílicos possuidores de mercadorias do capítulo II, ao se transformarem em capitalista de um lado e trabalhador assalariado de outro, mudam sua fisionomia, reconhecendo-se reciprocamente pela primeira vez n'*O capital* como representantes de classes sociais antagônicas. Um deles, ao comprar a força de trabalho e utilizá-la na instância da produção, tende a enriquecer. O outro terá sua pele esfolada na esfera da produção que se assemelha a um curtume. A partir daqui, as contradições entre as classes contribuirão no processo de superação do fetichismo da mercadoria.

Se considerarmos que o modo de exposição dialético d'*O capital* se caracteriza pela sucessão de momentos negativos, momentos que superam afirmações anteriores, estamos diante de um momento negativo fundamental, pois o capítulo IV supera toda a Seção I, composta pelos três primeiros capítulos. Não por acaso, o capítulo IV é o único capítulo dos quatro Livros d'*O capital* que equivale, sozinho, a uma seção[7]. É como se Marx focasse uma lanterna neste capítulo, procurando destacá-lo frente aos demais. Do ponto de vista dialético, seria um erro ler *O capital* de maneira linear, desprezando seus momentos negativos, como este momento do final do capítulo IV. Esse é um

[7] Benoit (1999, p. 85) chamou a atenção para o significado disso: "Não por acaso, assim a seção II é composta de somente um único capítulo. Ao contrário de um mero acidente, este fato ressalta a transição que aqui está para ocorrer da esfera da circulação àquela da produção".

momento fundamental. É a hora da entrada na instância da produção. Passemos, então, a essa esfera oculta, onde permaneceremos por 16 capítulos, até o final do capítulo XX. A esfera da produção ganha, portanto, um lugar privilegiado na exposição d'*O capital,* não apenas por compor a maior parte dos 25 capítulos do Livro I, mas, sobretudo, por desvelar os segredos das contradições antagônicas entre as classes.

Antes disso, porém, recuperemos o caminho percorrido até aqui.

REFAZENDO O CAMINHO

Como vimos, nesse marcante final do capítulo IV, Marx faz uma significativa e curiosa caracterização de sua obra. *O capital,* diz Marx, é um drama, e como todo drama, este também é composto por personagens, e mais do que isso, personagens que se transformam.

Seguindo, então, a indicação de Marx de que há personagens nesse drama chamado *O capital,* deixemo-nos guiar por eles, acompanhando suas transformações internas. Mais do que observar os personagens d'*O capital* em sua quietude, somos instigados pelo autor a observá-los em seu movimento, um movimento negativo, um movimento de superação. Observemos, então, em que, como e por que os personagens presentes em *O capital* se transformam.

Quem se manifesta em *O capital* não é o seu autor. Raramente Marx se expressa em primeira pessoa, permanecendo oculto atrás dos personagens, quase sempre como uma "presença ausente"[8]. São os personagens que assumem posições, se relacionam, debatem e lutam entre si, muitas vezes superando uns aos outros.

Retornemos, então, ao início d'*O capital.* Façamos novamente o caminho para acompanhar as transformações dos personagens desse instigante drama.

---

[8] Expressão utilizada por Benoit (2015) ao se referir à postura de Platão em seus *Diálogos,* postura semelhante à de Marx em *O capital.*

No capítulo I os produtores nem sequer apareciam. Ali eram as mercadorias que desempenhavam o papel de sujeito: o linho assumia um papel ativo; o casaco, um papel passivo. Os produtores das mercadorias permaneciam ocultos atrás das mercadorias que eles próprios produziam, totalmente dominados por elas. As relações sociais entre os produtores aparecem para estes como o que são, como relações sociais entre as coisas e relações coisificadas entre eles próprios. É o exemplo do produtor que, depois de vender a sua mercadoria, vai à padaria comprar pão. Nessa relação entre os produtos de seus trabalhos, o dinheiro e a mercadoria pão, estes aparecem para os produtores como os verdadeiros sujeitos, sem os quais eles não conseguiriam se relacionar socialmente enquanto dois produtores.

No entanto, na passagem para o capítulo II, esse feitiço exercido pelas coisas parece estar sendo superado. Ocorre aqui um salto significativo. Surpreendentemente, os produtores já aparecem como os protagonistas do drama. O mundo, que no capítulo I era o "mundo das mercadorias", ganha um novo personagem, menos objetivo, um personagem humano, aquele que produz as mercadorias. No entanto, apesar de já aparecerem como personagens, os produtores são retratados aqui em sua configuração aparente, superficial, todos indo voluntariamente trocar suas mercadorias no mercado numa suposta e ilusória harmonia.

Já no capítulo III, os produtores deixam de cumprir novamente o papel central para dar lugar ao dinheiro, que nada mais é do que uma mercadoria eleita pelas outras para cumprir o papel de representante de seus valores. Em suas desventuras amorosas com as demais mercadorias, o dinheiro é o sujeito central do capítulo III. Afinal, caso o dinheiro não ame as mercadorias tanto quanto essas o amam, não são elas que serão depenadas, mas os seus possuidores. Apesar dos produtores já terem aparecido nesse drama chamado *O capital*, eles permanecem aqui no capítulo III totalmente dependentes da venda de suas mercadorias. Não passam de reféns delas. O feitiço provocado pelas mercadorias permanece. E mais do que isso, ele se aprofunda. Agora, os produtores são enfeitiçados pelo dinheiro, a forma mais ofuscante de mercadoria, porque dá a seu possuidor a sensação de liberdade, de poder escolher qual mercadoria comprará.

Finalizando a nossa retrospectiva, no capítulo IV, há uma mudança fundamental na fisionomia dos personagens do drama. Supera-se a ilusão de igualdade no momento em que o possuidor de dinheiro torna-se um capitalista e o possuidor da mercadoria, um trabalhador assalariado. Pela primeira vez em *O capital* se manifestam os representantes das classes sociais[9].

As mercadorias e o dinheiro, que eram os protagonistas no capítulo I, assumem aqui um papel de coadjuvante, todos subordinados ao capital, pois "funcionam apenas como modos diferentes de existência do próprio valor (...) do movimento de autovalorização do valor" (MARX, 1983, I, p. 130). O que domina os produtores não são mais coisas visíveis e sensíveis ao tato como o dinheiro e as mercadorias. Agora o que domina os produtores é um movimento, o movimento de valorização do valor, o movimento que busca a apropriação privada da mais-valia. O valor, em seu processo de autovalorização, portanto, o valor enquanto capital, se camufla atrás das mercadorias e do dinheiro. Embora o capital passe a desempenhar o papel central a partir daqui, ele se oculta atrás das coisas, como o dinheiro, os meios de produção, a força de trabalho, a mercadoria produzida, e também de seu representante humano, o capitalista. O capital é, como diz Marx, um sujeito automático, um sujeito que domina tudo e todos. Na sociedade capitalista, todos estamos submetidos ao processo de valorização do valor.

---

[9] No capítulo II, Marx já havia alertado a respeito das transformações posteriores dos personagens: "Veremos no curso do desenvolvimento, em geral, que os personagens econômicos encarnados pelas pessoas nada mais são que as personificações das relações econômicas, como portadores das quais elas se defrontam". (MARX, 1983, I, p. 80) O final do capítulo IV esclarece esse alerta feito por Marx no capítulo II. As "relações econômicas encarnadas pelas pessoas" correspondem às relações entre as classes sociais. No capitalismo, os produtores são personagens que representam papéis determinados em grande medida pela classe social à qual pertencem.

Terminada essa breve recapitulação, sigamos, então, a *lexis* deixada por Marx, o modo de exposição por ele elaborado, partindo de onde a havíamos interrompido: o final do capítulo IV.

O INGRESSO NA INSTÂNCIA DA PRODUÇÃO

Depois de convidar o leitor a entrar na instância da produção, seguindo o capitalista e o trabalhador assalariado, Marx realiza um curioso movimento. Momentaneamente, o objeto central, o capital, é abstraído da análise. Ao iniciar o capítulo V, Marx (1983, I, p. 149) passa a descrever o processo de trabalho "independentemente de qualquer forma social determinada"[10]. Nesse sentido, diz Marx (1983, I, p. 149), desde o surgimento da espécie humana no planeta, "o trabalho é um processo entre o homem e a Natureza, um processo em que o homem, por sua própria ação, media, regula e controla seu metabolismo com a Natureza". Ao comentar a relação do homem com a natureza, Marx (1983, I, p. 149) compara a ação de uma aranha com a de um tecelão e a ação da abelha com a de um arquiteto. Apesar de poder envergonhar o arquiteto com a perfeição de seus favos, as abelhas agem por instinto, enquanto o arquiteto, por mais incompetente que seja, se diferencia delas por ter construído "o favo em sua cabeça, antes de construí-lo em cera". (MARX, 1983, I, p. 149) A capacidade dos homens de projetarem anteriormente o que vão fazer e não agirem

[10] Conforme comenta Benoit (1996, p. 27): "A seção III ("A produção da mais-valia absoluta") partirá da análise do processo de trabalho, porém, mais uma vez, a categoria econômica será analisada inicialmente na sua máxima abstração, sem fixar-se numa forma social determinada".

apenas por instinto, isto é, o fato de o projeto ser construído "na imaginação do trabalhador e, portanto, idealmente", (MARX, 1983, I, p. 150) é o que diferencia os homens dos demais animais.

Alguns autores consideram que Marx estaria aqui conferindo à categoria trabalho um caráter central em sua análise. No entanto, essa hipótese é rejeitada pelo próprio Marx (1983, I, p. 149): "O estado em que o trabalhador se apresenta no mercado como vendedor de sua própria força de trabalho [ou seja, o estado do trabalhador assalariado no capitalismo] deixou para o fundo dos tempos primitivos o estado em que o trabalho humano não se desfez ainda de sua primeira forma instintiva". Nesse trecho, Marx está alertando o leitor que o seu objetivo não é tratar do trabalho humano em geral enquanto processo comum a todas as formações sociais, ou seja, do trabalho enquanto mera relação do homem com a natureza. Marx deixa claro que o seu objetivo não é conferir à categoria "trabalho" um caráter essencial. O objetivo principal de Marx, segundo o que diz o próprio autor, é tratar do processo de trabalho capitalista que deixou "para o fundo dos tempos primitivos o estado em que o trabalho humano" ainda não se baseava na coerção de uma classe por outra.

Qual seria, então, a função desse primeiro item do capítulo V no desenvolvimento do Livro I? Conforme indica Marx (1983, I, p. 150), sua função é descrever "os elementos simples do processo de trabalho" comuns a todas as formações sociais, inclusive o modo de produção capitalista: "(1) a atividade orientada a um fim ou o trabalho mesmo, (2) seu objeto e (3) seus meios". Marx passa, a seguir, a descrever cada um desses três elementos do processo de trabalho. O primeiro é o próprio trabalho humano, cujo objetivo é transformar os objetos em algo útil. Já os objetos de trabalho correspondem àquilo que será transformado, as matérias-primas e as matérias auxiliares. A diferença entre elas é que estas últimas não reaparecem no produto. É o caso do carvão, do gás etc.. Há ainda, dentre os objetos de trabalho, as matérias naturais, que, ao contrário das matérias-primas, ainda não foram manuseadas pelo trabalhador, como, por exemplo, o metal precioso presente nas entranhas da terra. A partir do momento em que é retirada de lá e trabalhada pelos homens, a matéria natural se transforma em matéria-prima.

Já o meio de trabalho, o último dos três elementos do processo de trabalho, é caracterizado por Marx (1983, I, p. 150) como "uma coisa ou um complexo de coisas que o trabalhador coloca entre si mesmo e o objeto de trabalho e que lhe serve como condutor de sua atividade sobre esse objeto." O meio de trabalho é toda ferramenta, máquina ou qualquer utensílio que ajuda o trabalhador a transformar o objeto de trabalho em algo útil. O meio de trabalho é como se fosse um prolongamento do corpo do trabalhador. Marx (1983, I, p. 151) faz, em seguida, a síntese dos três elementos do processo de trabalho: "no processo de trabalho a atividade do homem efetua, portanto, mediante o meio de trabalho, uma transformação do objeto de trabalho, pretendida desde o princípio".

Marx (1983, I, p. 153) se aproxima do final do item 1 do capítulo V enfatizando que o processo de trabalho foi apresentado até aqui em sua forma ainda simples e abstrata, ou seja, "como uma atividade orientada a um fim para produzir valores de uso, apropriação do natural para satisfazer as necessidades humanas, condição universal do metabolismo entre o homem e a Natureza, condição natural eterna da vida humana e, portanto, independente de qualquer forma dessa vida, sendo antes igualmente comum a todas as suas formas sociais". Desde o comunismo primitivo até o capitalismo, os homens sempre trabalharam e continuam trabalhando para transformar a natureza em algo útil para si. No entanto, Marx (1983, I, p. 151) alerta que essa abordagem do processo simples de trabalho "não basta, de modo algum, para o processo de produção capitalista". Essa abordagem é ainda pobre em determinações[11].

---

[11] Nos *Grundrisse* Marx afirma que "o concreto é concreto porque é a síntese de múltiplas determinações", (MARX, 1989, 21) do que se deduz que o abstrato é um momento da análise ainda pobre em determinações. Ou seja, no item 1 do capítulo V ainda não há a determinação fundamental do trabalho numa sociedade capitalista: a valorização do valor através da exploração do trabalho assalariado, tema do item 2.

Não por acaso, logo após descrever os três elementos do processo de trabalho em geral, Marx (1983, I, p. 154) convida o leitor a voltar "ao nosso capitalista *in spe*"[12]. Nós o havíamos deixado "logo depois de ele ter comprado no mercado todos os fatores necessários a um processo de trabalho, os fatores objetivos ou meios de produção e o fator pessoal ou a força de trabalho". Naquele momento, o capitalista marchava "adiante (...) cheio de importância, sorriso satisfeito e ávido por negócios", sendo seguido por seu trabalhador, "tímido e contrafeito, como alguém que levou a sua própria pele para o mercado e agora não tem mais nada a esperar, exceto o curtume". (MARX, 1983, I, p. 145)

Ao convidar o leitor a retornar ao final do capítulo IV, isto é, retornar à análise da relação entre o capitalista e o trabalhador assalariado, não estaria Marx, desse modo, tornando o item 1 do capítulo V uma espécie de parênteses no interior da obra, um momento apenas introdutório, cuja função seria preparar o item 2, onde tratará da especificidade do processo de trabalho no modo de produção capitalista? Seguindo o que o próprio Marx afirma nesse item 1, é bastante duvidoso considerar o trabalho em geral ou o processo de trabalho baseado na relação do homem com a natureza voltado à produção de valores de uso como a categoria central e o objetivo principal de Marx em *O capital.* Seu objetivo, indicado por ele próprio, é analisar o processo capitalista de produção em particular.

---

[12] *In spe*: em aspiração.

A PRODUÇÃO DA MAIS-VALIA

Marx inicia o segundo item do capítulo V colocando, não sem ironia, o objetivo do processo de trabalho capitalista: "embora (...) nosso capitalista seja um decidido progressista, não fabrica as botas por causa delas mesmas". Deixando claro que aquela característica geral do trabalho que consiste em transformar a natureza em coisas úteis para os homens não passa, no capitalismo, de um mero meio de valorizar o valor, Marx (1983, I, p. 155) comenta que "o nosso capitalista (...) quer produzir não só um valor de uso, mas uma mercadoria, não só valor de uso, mas valor e não só valor, mas também mais-valia".

O objetivo do capital não é produzir valores de uso ou coisas úteis para garantir a sobrevivência das pessoas. Somente faz isso como um meio de valorizar o valor, de se apropriar de mais-valia, de realizar a circulação de dinheiro como capital (D – M – D').

Para valorizar o valor, o capitalista compra força de trabalho alheia, que, no exemplo usado por Marx, é um fiandeiro. Na suposição de Marx, nosso fiandeiro precisa de seis horas de trabalho para produzir o valor diário de sua força de trabalho, que corresponde ao valor dos produtos necessários para garantir sua sobrevivência e de sua família. Marx supõe ainda que nosso operário consegue fiar 10 libras[13]

[13] Libra é a unidade de peso utilizada na Inglaterra, que corresponde a 453,592 gramas.

de algodão nessas seis horas de trabalho, quantidade de fio que corresponde a um valor de troca ou um preço de 10 xelins[14]. Para fiar estas 10 libras de algodão, o trabalhador utilizará uma máquina e ferramentas cujo desgaste corresponde, na hipótese de Marx, a 2 fusos, cujo valor equivale a 4 horas e a um valor de troca de 2 xelins. Com essas informações já é possível calcular o valor do produto, o fio, conforme exposto na tabela abaixo.

Tabela 2: Elementos de um processo de fiação de algodão.

Objeto de Trabalho	Meio de Trabalho	Atividade orientada a um fim	Produto
10 libras algodão	2 fusos	força de trabalho	10 libras de fio
20 horas 10 xelins	4 horas 2 xelins	6 horas 3 xelins	30 horas 15 xelins

Desse modo, nenhuma mais-valia é criada. Diante disso, Marx (1983, I, p. 158) ironiza, ao dizer: "Nosso capitalista fica perplexo. O valor do produto é igual ao valor do capital adiantado (30 horas do fio = 30 horas investidas pelo capitalista, 20 horas no algodão + 4 horas nos fusos + 6 horas na força de trabalho). O valor adiantado não se valorizou, não produziu mais-valia, o dinheiro não se transformou, pois, em capital". Marx passa a colocar na voz de seu personagem, o capitalista, as diversas teses dos economistas vulgares quanto à origem do lucro. Nosso capitalista se defende utilizando a chamada "teoria da abstinência", de Nassau Senior e John Stuart Mill: "Deve-se levar em consideração sua abstinência. Poderia esbanjar seus 15 xelins"[15].

---

[14] O xelim é uma fração da moeda inglesa, a libra esterlina. Cada libra esterlina contém 20 xelins.

[15] Mais adiante, no capítulo XXII do Livro I, Marx cita as seguintes palavras do economista Nassau Senior, proferidas em tom solene: "Eu substituo a palavra

Marx (1983, I, p. 159) continua sua ironia: "nosso amigo até há pouco capitalisticamente arrogante (atitude do final do capítulo IV, quando ia sorridente na frente do trabalhador), assume agora, subitamente (aqui no capítulo V), a atitude modesta de seu próprio trabalhador". Pergunta então nosso sisudo capitalista: "Não trabalhou ele mesmo? Não executou o trabalho de vigilância e superintendência sobre o fiandeiro? Não cria valor também esse seu trabalho?" Nessa ironia de Marx, o capitalista, diante da suposta situação de não conseguir se apropriar de mais-valia, exige ao menos o pagamento de seu próprio trabalho, o trabalho de supervisionar seus trabalhadores. O trabalho de supervisão é outra forma de Mill explicar a origem do lucro.

A seguir é desferido o golpe final, que provoca o nocaute nos economistas vulgares: "Entrementes, (nosso capitalista) já recobrou com um sorriso alegre sua fisionomia anterior. Ele troçou de nós com toda essa ladainha. Não daria um centavo por ela. Ele deixa esses e semelhantes subterfúgios e petas vazias aos professores da Economia Política, expressamente pagos para isso." (MARX, 1983, I, p. 159) Desse modo, Marx rebaixa os economistas vulgares a meros apologistas do capital, cuja ladainha não convence sequer os capitalistas mais lúcidos.

Como se vê, Marx inicia o processo de desvelamento da produção da mais-valia afirmando o falso, inicia expondo as ilusórias

---

capital, considerado como instrumento de produção, pela palavra abstinência". (SENIOR apud MARX, 1983, II, p. 176). "O Sr. John Stuart Mill", continua Marx, "ao contrário, reproduz, por um lado, a teoria do lucro de Ricardo e anexa, por outro, a *remuneration of abstinence* de Senior".[a] Marx (1983, II, p. 176) polemiza com Senior e Mill, afirmando que "ao economista vulgar não ocorreu jamais a simples reflexão de que toda ação humana pode ser concebida como 'abstinência' de seu contrário. Comer é abstinência de jejuar, andar é abstinência de estar parado, trabalhar é abstinência de folgar, folgar abstinência de trabalhar, etc. Os senhores fariam bem se meditassem uma vez sobre essa proposição de Espinosa: *Determinatio est negatio*".[b]

[a] Remuneração da abstinência.

[b] Determinação é negação.

concepções dos economistas vulgares. Segundo essas concepções, o lucro dos capitalistas não se originaria do trabalho excedente da classe trabalhadora, mas de outras supostas fontes, como a abstinência do capitalista de consumir todo o seu dinheiro em sua vida pessoal ou ainda o trabalho de supervisão realizado pelo capitalista. Partindo, portanto, das concepções da economia vulgar, Marx (1983 I, p. 159) passará, em seguida, a superá-las teoricamente. Convida, então, o leitor a "examinar a coisa mais de perto". Observa que "o fato de meia jornada (de seis horas diárias) ser necessária para manter o trabalhador vivo durante 24 horas não o impede, de modo algum, de trabalhar uma jornada inteira". E é isso o que o capitalista o obriga a fazer. O capitalisa força o trabalhador a trabalhar uma jornada inteira, ou seja, uma jornada de 12 horas diárias ao invés de seis horas: "O possuidor de dinheiro pagou o valor de um dia da força de trabalho; pertence-lhe, portanto, a utilização dela durante o dia, o trabalho de uma jornada". E conclui Marx (1983, I, p. 160): A circunstância de que o trabalhador pode trabalhar uma jornada maior do que aquela que equivale ao valor de sua força de trabalho "é grande sorte para o comprador, mas, de modo algum, uma injustiça contra o vendedor". Ou seja, aqui no capítulo V, a troca entre capital e trabalho aparece como uma troca justa, uma troca entre valores equivalentes. Afinal, o capitalista pagou o valor da força de trabalho. Sua compra lhe permitiu utilizar essa mercadoria como melhor lhe convinha, lhe permitiu utilizá-la para além de seu valor, produzindo, assim, uma mais-valia[16].

Para poder trabalhar 12 horas ao invés de seis, o trabalhador precisa ter à sua disposição o dobro da quantidade de meios de produção de que necessitava antes. O processo de fiação do algodão ficaria, então, da seguinte maneira:

16 Veremos que essa hipótese da troca de equivalentes entre capital e força de trabalho será superada mais adiante, particularmente no capítulo XXII.

Tabela 3: Elementos de umprocesso de fiação de algodão. (Elaboração própria)

Objeto de trabalho	Meio de trabalho	Atividade orientada a um fim	Atividade orientada a um fim	Produto
20 libras algodão	4 fusos	força de trabalho	mais-valia	20 libras de fio
40 horas 20 xelins	8 horas 4 xelins	6 horas 3 xelins	6 horas 3 xelins	60 horas 30 xelins

Nas 12 horas da jornada de trabalho, o trabalhador produz seis horas que correspondem ao valor de sua força de trabalho, que, no exemplo, equivalem a um valor de troca, ou um salário de três xelins, além de produzir seis horas de mais-valia apropriada privadamente, sem qualquer pagamento, pelo proprietário dos meios de produção, o capitalista, que correspondem a mais três xelins.

Marx (1983, I, p. 160) conclui o capítulo V confirmando a realização das condições da origem da mais-valia exigidas por ele mesmo no capítulo IV: "Todas as condições do problema foram resolvidas e, de modo algum, as leis do intercâmbio de mercadorias foram violadas". A primeira condição é a troca de equivalentes: "Trocou-se equivalente por equivalente". O capitalista comprou tudo pelo valor (os meios de produção e a força de trabalho) e vendeu o produto pelo valor (o fio). A segunda condição é a de que a mais-valia se originasse na esfera da circulação e não se originasse nela. E assim ocorreu: "Por intermédio da circulação, por ser condicionado pela compra da força de trabalho no mercado. Fora da circulação, pois ela apenas introduz o processo de valorização, que ocorre na esfera da produção".

Apesar de não ser na esfera da circulação que a mais-valia é produzida, essa esfera não é desprezível, pois é nela que ocorre a compra da força de trabalho pelo capitalista. Sem o momento da circulação, a mais-valia e o capital não surgiriam. É no momento da compra e venda da força de trabalho que são definidos tanto o valor de troca da força de trabalho ou o salário quanto a extensão da jornada de trabalho, dois elementos fundamentais na determinação da magnitude da mais-valia e, como veremos, dois elementos que compõem a contradição central entre capital e trabalho.

Aqui se mostra a importância da contradição interna à mercadoria exposta no capítulo I: a antítese entre valor de uso e valor. Enquanto o valor da força de trabalho é realizado no momento de sua compra, na instância da circulação, seu valor de uso, por sua vez, que é produzir mais-valia, é realizado no momento do consumo da força de trabalho na instância da produção. Percebe-se assim que a mais-valia se origina da contradição contida no interior da mercadoria força de trabalho, a contradição entre o seu valor, realizado na instância da circulação, e o seu valor de uso, realizado na instância da produção. A mais-valia não se origina, portanto, em alguma das instâncias isoladamente, na instância da circulação *ou* na instância da produção. A mais-valia e o capital surgem na região comum às duas instâncias, uma região negativa, contraditória, existente na intersecção entre as duas instâncias[17].

[17] Conforme comenta Benoit (1996, p. 25): "Necessariamente, portanto, o capital, contrariando a lógica da não-contradição, tem que surgir ao mesmo tempo (*zugleich*) dentro da circulação e fora dela, na circulação e não na circulação. Ou seja, para explicar a transformação do dinheiro em capital e a origem da mais-valia, é necessário pensar a oposição circulação-produção não como uma oposição de contrários, isto é, enquanto polos externos que em tempos diferentes transitam de um para outro (como do branco para o preto ou do quente para o frio). Essa transformação e a origem da mais-valia só podem ser explicadas se se pensar a oposição circulação-produção enquanto uma oposição que é contradição, isto é, uma oposição entre gêneros econômicos diferentes (circulação e produção) que no seu processo antitético se entrelaçam e engendram um ser novo contraditório (D-M-D'), ou seja, um ser que possui no interior de si e ao mesmo tempo a oposição circulação-produção".

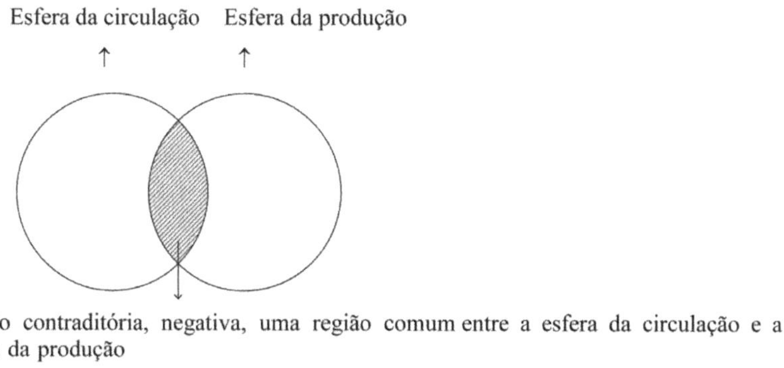

Figura 2: Representação gráfica da região onde se origina a mais-valia.

A mais-valia não se origina exclusivamente numa nem exclusivamente na outra instância ou esfera, mas nas duas ao mesmo tempo, confirmando o que Marx (1983, I, p. 138) havia afirmado no capítulo IV: "capital não pode, portanto, originar-se da circulação e, tampouco, pode não originar-se da circulação. Deve, ao mesmo tempo, originar-se e não se originar dela".

Isso significa que ambos os momentos, tanto a compra e venda da força de trabalho quanto o momento de sua utilização, são momentos fundamentais do capital enquanto um movimento de valorização do valor. É no cruzamento entre as duas instâncias que se determina a magnitude do salário, da jornada de trabalho e, consequentemente, da mais-valia. É nessa região negativa onde se determina quanto do valor produzido pelos trabalhadores assalariados ficará com eles e quanto ficará com os capitalistas.

Antes de finalizar o capítulo, resta ainda uma pergunta: quais seriam os personagens principais do capítulo V? Os personagens principais são, de um lado, um operário fabril representado pelo fiandeiro, que transforma algodão em fio, e, por outro lado, o capitalista industrial que o contrata. Qual seria o significado de Marx ter escolhido uma fábrica onde trabalha um operário industrial ao invés de um trabalhador de outro setor? A resposta a essa pergunta somente será encontrada nas novas determinações da análise expostas nos próximos capítulos.

A RELAÇÃO DO OPERÁRIO COM UMA REDE DE OUTROS TRABALHADORES

Vimos no capítulo V que o trabalhador acrescenta um valor novo ao transformar algodão em fio. Foram 12 horas de valor novo criado pelo fiandeiro durante a jornada de trabalho provenientes do dispêndio de sua energia vital, 12 horas de valor que não existiam antes de seu trabalho. E não são somente as 12 horas do valor novo o benefício proveniente do trabalho do nosso operário. No exemplo dado por Marx, ao criar esse novo valor de 12 horas, o trabalhador conservou 48 horas de valor antigo, o valor contido nos meios de produção. Dessas 48 horas, 40 horas estavam contidas no algodão (que é o objeto de trabalho) e 8 horas estavam contidas no desgaste das máquinas (que são os meios de trabalho), representado por Marx através do desgaste dos fusos. O valor de 48 horas dos meios de produção é transferido ao produto, fazendo parte do valor de 60 horas do fio. Os meios de produção são assim reanimados pelo trabalho vivo, "lambidos pelo fogo do trabalho", como diz Marx (1983, I, p. 153). O trabalho vivo ressuscita o trabalho morto, aquele trabalho objetivado nos meios de produção, que tem, assim, seus valores transferidos ao produto. Ao conservar os meios de produção através de seu trabalho concreto, ao manusear o algodão e lubrificar a máquina, o trabalhador transfere o valor desses ao produto, ao fio. Essa transferência do valor de 48 horas dos meios de produção ao produto é realizada gratuitamente pelo trabalhador ao capitalista ao mesmo tempo em que gera 12 horas de valor novo. O capitalista não paga nada pela conservação dos seus meios de produção. Como se não bastasse produzir seis horas diárias de mais-valia e fornecê-las gratuitamente ao capitalista, o trabalhador transfere ao produto, também gratuitamente, 48 horas do valor dos meios de produção, considerando o exemplo exposto por Marx. É a certeza de perder essa soma de valor novo gerado e de valor antigo transferido ao produto por cada trabalhador que faz com que os capitalistas tenham um verdadeiro horror às greves. Numa greve o capitalista não deixa apenas de se apropriar da mais-valia. Além disso, ele corre o risco de perder parte do valor de seus meios de produção. O algodão pode mofar. A máquina, por não ser lubrificada, pode enferrujar. Numa greve, parte do valor dos meios de produção é perdida, por não ter sido transferida ao produto. Ao contrário, quando os trabalhadores estão trabalhando, o capitalista, ao vender o produto, recebe, além da mais-valia, o valor dos meios de produção que foi transferido ao produto pelos trabalhadores.

Isso é exposto no capítulo VI juntamente com novas categorias econômicas elaboradas por Marx. O *trabalho vivo* produz um *valor novo*, que é o valor equivalente à jornada de trabalho, a qual, no exemplo de Marx, corresponde a 12 horas. Ao trabalhar, o fiandeiro transfere ao fio o *valor antigo* produzido pelo *trabalho morto* de uma extensa rede de trabalhadores. Só para dar alguns exemplos, no fio está contido o trabalho morto do agricultor que produziu o algodão, do metalúrgico que produziu o trator utilizado pelo agricultor, dos trabalhadores que produziram as diversas peças do trator, todos os trabalhadores que transportaram esses produtos, assim como dos trabalhadores que produziram as máquinas que o fiandeiro manuseia etc.

O fiandeiro supera, assim, o isolamento por ele enfrentado nos capítulos IV e V. Aqui, seu trabalho se relaciona com o trabalho de inúmeros membros de sua classe ao utilizar os produtos gerados por esses. O fiandeiro se relaciona com seus colegas de classe ao utilizar seus trabalhos passados, que, para o fiandeiro, se manifestam como meios de produção produzidos por um trabalho morto, produtos inertes, sem vida. No entanto, aqui no capítulo VI esta relação social entre trabalhadores por meio de seus próprios trabalhos é oculta pela forma privada que assume a propriedade dos meios de produção. Aqui os meios de produção, que na verdade são produtos produzidos pela classe trabalhadora, aparecem agora como propriedade alheia, como uma forma específica de capital, o *capital constante*. A propriedade privada capitalista oculta o trabalho comum da classe trabalhadora. A força de trabalho, por sua vez, apesar de ser a única mercadoria que restou para o trabalhador assalariado vender, também aparece diante da relação do trabalhador assalariado com o capitalista enquanto outra forma particular de capital, o *capital variável,* como o dinheiro pago pelo capitalista ao trabalhador na forma de salário. Marx reafirma, assim, que o capital aplicado em força de trabalho é a única parcela do capital que aumenta seu valor, é a única parte do capital que varia. Por isso, a parte do capital investida em força de trabalho é denominada capital variável. Já os valores dos objetos de trabalho e dos meios de trabalho não variam, permanecem os mesmos, são transferidos ao produto na mesma magnitude com que ingressaram no processo de trabalho. Por isso, o capital investido em meios de produção é denominado capital constante. Desse modo, ao separar o capital investido em força de trabalho do capital investido em meios de produção, Marx está indicando que o único elemento do processo de trabalho que produz mais-valia é a força de trabalho. No exemplo do capítulo V, enquanto a força de trabalho altera seu valor durante o processo de trabalho (valia 6 horas, mas produziu 12 horas), os meios de produção não alteram o seu valor, pois seu valor apenas reaparece no produto na mesma magnitude que entrou no processo de trabalho, o algodão com 40 horas e o desgaste das máquinas com oito horas. A conclusão a que se chega é que os meios de produção não produzem mais-valia, não se valorizam. Se não forem submetidos à ação viva da força de trabalho, seu valor é perdido, não sendo sequer transferido ao produto. Por isso, os meios de produção correspondem ao *trabalho morto*. Eles sozinhos não têm qualquer ação prática.

Sintetizando o que foi exposto no capítulo VI, a divisão feita por Marx dos elementos do processo de trabalho pode ser expressa graficamente da seguinte maneira:

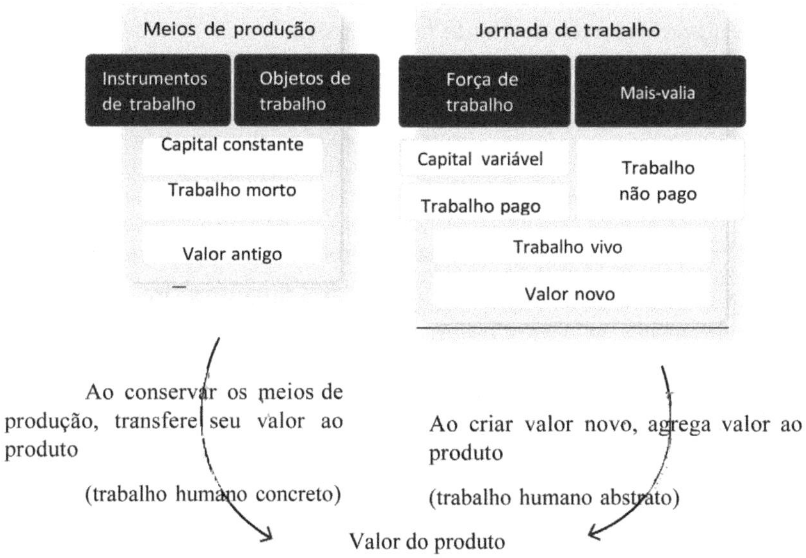

Figura 3: Categorias econômicas que correspondem aos elementos simples do processo de trabalho e comportamento do valor durante o processo de trabalho.

O caráter enigmático da taxa de lucro

No capítulo VII, Marx vai mostrar como a taxa de lucro é enganosa e serve para ocultar o grau de exploração da força de trabalho. Para demonstrar isso, Marx (1983, I, p. 177) supõe um determinado capital, cuja magnitude é de 500, dividido em 410 em meios de produção e 90 em força de trabalho. A mais-valia produzida pela força de trabalho é também igual a 90. A taxa de lucro é calculada através da divisão entre a mais-valia e o capital total, multiplicando o resultado por 100. A fórmula da taxa de lucro é a seguinte:

$$\text{Taxa de lucro (\%)} = \frac{\text{mais-valia}}{\text{Capital total}} \times 100$$

No nosso exemplo o cálculo ficaria assim:

$$\text{Taxa de lucro (\%)} = \frac{90}{500} \times 100 = 18\%$$

Marx (1983, I, p. 177) ironiza, afirmando que esse "modo costumeiro de cálculo" produz como resultado "uma proporção tão baixa que comoveria o sr. Carey e outros pregadores da harmonia" entre as classes. Marx esclarece que a maneira correta de calcular o grau de exploração da força de trabalho não é através da taxa de lucro, mas da taxa de mais-valia, que relaciona a mais-valia somente com a parte do capital despendida em força de trabalho, o capital variável, uma vez que a força de trabalho é, como vimos, o único elemento do processo de trabalho que produz mais-valia. Por isso, o capital constante é excluído do cálculo da taxa de mais-valia ou, o que é o mesmo, do grau de exploração da força de trabalho, pois os meios de produção não produzem mais-valia e, portanto, não são explorados, não podendo por isso entrar no cálculo do grau de exploração. A fórmula da taxa de mais-valia é a seguinte: (MARX, 1983, I, p. 177)

$$\text{Taxa de mais-valia (\%)} = \frac{\text{mais-valia}}{\text{Capital variável}} \times 100$$

No nosso exemplo ficaria assim:

$$\text{Taxa de mais-valia (\%)} = \frac{90}{90} \times 100\%$$

Se compararmos, nesse exemplo, a taxa de lucro, que é a forma de cálculo dos economistas burgueses, com a taxa de mais-valia, a forma proposta por Marx, a diferença entre elas é de mais de cinco vezes, de 18% para 100%. Imaginemos uma negociação salarial na qual os patrões afirmem não poder reajustar os salários porque a taxa de lucro é somente de 18%, enquanto os representantes dos trabalhadores, com base no cálculo da taxa de mais-valia exposto por Marx, argumentam que essa taxa de lucro oculta o verdadeiro grau de exploração da força de trabalho, que nesse caso é de 100%, sendo, por isso, possível aos capitalistas conceder um reajuste salarial aos trabalhadores e mesmo assim manter um elevadíssimo grau de exploração da força de trabalho. A taxa de mais-valia é um instrumento muito importante na luta por reajustes salariais, assim como na luta pela redução da jornada de trabalho, em suma, na luta pela redução do grau de exploração da classe trabalhadora. Através da taxa de mais-valia, é possível saber quanto tempo o trabalhador trabalha para si mesmo e quanto tempo ele trabalha para o patrão.

O capítulo VII termina com uma surpreendente cena dramática, quando aparece inesperadamente um novo personagem.

SURGE A FIGURA DO FUNCIONÁRIO PÚBLICO

A seguir, Marx (1983, I, p. 182) dramatiza[18] a divergência entre a sua posição e a posição dos economistas burgueses, dando a voz a um inspetor de fábrica, Leonard Horner, "que lutou uma vida inteira não só contra os exasperados fabricantes, mas também contra os ministros", que aproveitavam toda a oportunidade para aumentar o grau de exploração da força de trabalho. Horner, cuja função enquanto trabalhador do Estado era a de fiscalizar as condições de trabalho nas fábricas, nunca deixou de denunciar em seus relatórios os abusos cometidos pelos capitalistas. Ressaltando essa atitude de Horner, Marx cria um personagem para homenageá-lo, reproduzindo uma expressão irônica utilizada por Horner em um de seus relatórios. "Meus senhores!", fala energicamente o personagem criado por Marx, que simula um debate com os capitalistas. O debate gira em torno da tese do economista Nassau Senior, segundo a qual não seria possível reduzir sequer uma hora da jornada de trabalho de 12 horas diárias sem eliminar todo o lucro líquido do capitalista. De acordo com

[18] Benoit (1996, p. 28-29) observou o "caráter dialógico de toda esta passagem". O autor comenta que "para ressaltar o caráter dramático da passagem, o personagem utiliza ironicamente a gíria (*slang*) dos capitalistas e da época, como, por exemplo, 'mãos' (*Hände*) para expressar os 'operários', e '*all bosh*' (em inglês no original) para expressar 'charlatanice'".

Senior, as primeiras 10 horas de uma jornada de trabalho de 12 horas seriam necessárias para a reposição do capital, a 11ª hora seria usada para pagar o salário do trabalhador, sobrando somente a última hora para o lucro líquido do patrão.

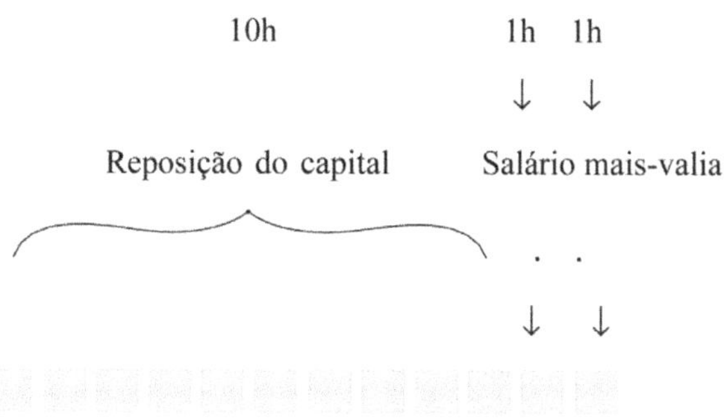

Figura 4: "Análise" de Senior a respeito da divisão das horas durante a jornada de trabalho.

Debatendo com os capitalistas, nosso funcionário público afirma, ironicamente: "e a isso chama o Sr. Professor de 'análise'". (MARX, 1983, I, p. 182) Essa ironia é retirada de um dos relatórios de Horner, no qual ele criticava a suposta "análise" dos fabricantes.

Com base nas concepções expostas por Marx no capítulo VI, nosso personagem do capítulo VII argumenta que o trabalhador transfere o valor antigo dos meios de produção ao produto (o que Senior chama de "reposição do capital") *ao mesmo tempo* em que cria valor novo que corresponde ao seu salário e ao lucro líquido do patrão (lucro que, para Marx, provém da mais-valia). O personagem continua explicando que o trabalhador não precisa de 10 horas da jornada para "repor o capital" constante, separadas da produção de seu salário e do lucro do capitalista, pois, como vimos no capítulo VI, o valor dos meios de produção já foi produzido por trabalhadores de outros setores, não necessitando ser novamente produzido, mas apenas transferido ao produto, transferência que não exige um tempo específico, mas ocorre simultaneamente com a criação do valor novo, de onde se extrai o salário e o lucro. Mantendo a proporção de 1:1 entre salário e lucro sugerida pelo próprio Senior, ou seja, considerando que a cada hora necessária para produzir o valor da força de trabalho seja gasta outra hora para produzir o lucro, o personagem reconstrói a divisão da jornada de trabalho de 12 horas da seguinte maneira:

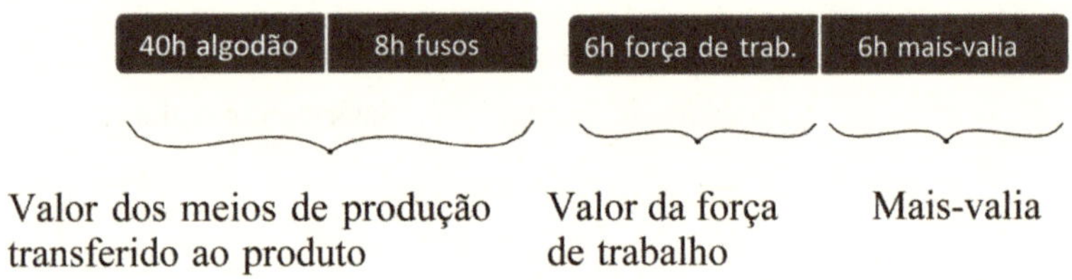

Figura 5: Concepção de Marx a respeito da divisão das horas durante a jornada de trabalho.

Levando em conta a hipótese de Senior de uma relação entre salário e lucro de 1:1, das 12 horas da jornada de trabalho diária, seis horas são utilizadas para produzir o valor da força de trabalho e outras seis horas para produzir a mais-valia, uma vez que a "reposição do capital" ou a transferência do valor dos meios de produção é feita simultaneamente à produção do salário de lucro líquido. Comprova-se, assim, que é possível reduzir a jornada em uma hora sem eliminar todo o lucro líquido do capitalista, demonstrando a falsidade da "análise" de Senior. Desse modo, nosso humilde personagem que representa um inspetor de fábrica destrói a suposta "análise" do renomado professor de economia Nassau Senior. Mesmo não sendo operário fabril, Horner representa os interesses da classe operária.

Que significado pode ter a decisão de Marx de dar a palavra a um inspetor de fábrica neste capítulo VII? Que significado pode ter o fato de Marx ter simulado um debate entre representantes das duas classes, um trabalhador assalariado e um economista burguês? O significado dessa forma dramática escolhida por Marx ficará mais claro nos próximos capítulos.

FINALMENTE A CLASSE OPERÁRIA LEVANTA A SUA VOZ

Vimos que no capítulo VII um inspetor de fábrica defendia a redução da jornada de trabalho dos operários fabris. Se naquele capítulo os operários ainda eram, por um lado, representados por um funcionário público que defendia os seus interesses, e os capitalistas eram, por outro lado, representados por um economista político, no capítulo VIII é a própria classe operária que levanta a sua voz, num combate aberto com a classe capitalista. O objeto da disputa é o mesmo do capítulo VII: a extensão da jornada de trabalho. Ao invés de reduzir a jornada de trabalho e atender, assim, a reivindicação levantada pelos operários desde o capítulo VII, os capitalistas procuram prolongá-la ao máximo. Marx (1983, I, p. 183) ironiza: o capital age "à maneira dos vampiros, (pois) vive tanto mais quanto mais trabalho vivo chupa".

Para expor essa luta em torno da extensão da jornada de trabalho, Marx (1983, I, p. 189) utiliza um diálogo entre dois significativos personagens: "A mercadoria que te vendi", diz um deles, "distingue-se da multidão das outras mercadorias pelo fato de que seu consumo cria valor e valor maior do que ela mesma custa". Tudo indica que este personagem seja um trabalhador assalariado, pois a mercadoria que ele vende, a sua força de trabalho, é a única que "cria valor e valor maior do que ela mesma custa". A expressão "a mercadoria que te vendi" dá a entender que esse trabalhador está dialogando com um capitalista, pois é este quem compra a sua força de trabalho.

Na continuidade do diálogo o trabalhador reclama: "Mediante prolongamento desmesurado da jornada de trabalho, podes em um dia fazer fluir um quantum de minha força de trabalho que é maior do que o que posso repor em 3 dias". (MARX, 1983, I, p. 189)

Conclui, então, o trabalhador, mostrando-se inconformado com a tentativa do capitalista de prolongar a jornada de trabalho além da medida: "A utilização de minha força de trabalho e a espoliação dela são duas coisas totalmente diferentes". O trabalhador está, como diz Marx, (1983, I, p. 189) "levantando a sua voz" a fim de se defender da tentativa do capitalista de prolongar de maneira desmedida a jornada de trabalho. Marx está indicando que, depois de sete capítulos, o trabalhador finalmente levanta a sua voz, e a levanta não para combater a exploração capitalista ou "a utilização da sua força de trabalho" pelo capitalista. O trabalhador se levanta para se defender da superexploração ou da espoliação da sua força de trabalho, que é, como disse nosso personagem, algo totalmente diferente da mera utilização dela.

A luta entre as classes é travada aqui não contra o trabalho excedente, mas contra a brutalidade do trabalho excessivo. O trabalhador começa a lutar a fim de evitar o desgaste prematuro de sua força de trabalho, evitar que a sua força vital de três dias se desgaste em apenas um dia. O levante inicial dos trabalhadores parece ser, mas, como veremos, apenas parece ser, uma luta meramente defensiva, que buscaria apenas conservar sua capacidade de trabalho em condições normais.

Nesse momento da obra, nosso personagem ainda não está combatendo a exploração capitalista em si, mas se *defendendo* da exploração desmedida, da exploração excessiva imposta pelos capitalistas através do prolongamento desmesurado da jornada de trabalho. Como se vê, nesse momento no qual a classe trabalhadora começa a se mobilizar, a luta parece possuir ainda um caráter conservador. O objetivo aqui perece ser apenas o de conservar a força de trabalho, evitar a sua atrofia prematura causada pela espoliação resultante do prolongamento excessivo da jornada de trabalho.

Os primeiros levantes da classe trabalhadora podem não parecer um combate anticapitalista aberto. Aparecem, ao contrário, como uma luta defensiva contra os ataques do capital. Veremos no decorrer da exposição d'*O capital* como esse caráter aparentemente conservador dos levantes iniciais da classe trabalhadora é extremamente contraditório. Ao invés de uma luta com objetivos meramente econômicos e "sindicais", a luta em torno da extensão da jornada de trabalho pode representar um momento indispensável no penoso processo de emancipação da classe trabalhadora em relação ao capital. Isso será aprofundado mais adiante. Em relação ao capítulo anterior, é perceptível o enorme passo dado pela classe trabalhadora no capítulo VIII. Aqui, o operário não precisa mais de um inspetor de fábrica como Leonard Horner para lhe representar. Aqui, o operário não precisa mais de alguém externo à fábrica para defendê-lo, como era a situação no capítulo VII. Apesar de ser um trabalhador assalariado, Horner não era um operário, mas um funcionário público. No capítulo VIII, é o próprio operário que defende a si mesmo contra a ânsia do capitalista em se apropriar de uma quantia cada vez maior de mais-valia.

Mas ao enfrentar diretamente o patrão, o operário não estaria correndo o risco de ser demitido? Sem temer esse risco, curiosamente, nosso operário se torna extremamente ousado, passando a ironizar o capitalista: "poderás ser um cidadão modelar, talvez sejas membro da sociedade protetora dos animais, podes até estar em odor de santidade, mas a coisa que representas diante de mim é algo em cujo peito não bate nenhum coração". (MARX, 1983, I, p. 189-190) O operário está dizendo que o patrão pode até ter um cheirinho de santo, ou, nas palavras do nosso personagem, "estar em odor de santidade", mas essa aparência angelical do capitalista não engana nosso operário, pois seu patrão representa o capital, e o capital não possui nenhum coração. Como o operário poderia se dirigir dessa maneira ao patrão sem sofrer graves consequências? Como ironizar dessa forma o capitalista sem ser demitido? Numa nota de rodapé, Marx (1983, I, p. 190) revela, finalmente, quem é nosso corajoso personagem, quem é este trabalhador que enfrenta com sarcasmo o seu patrão: "Durante a grande greve dos trabalhadores da construção civil em Londres, em 1860/61, pela redução da jornada de trabalho a 9 horas, publicou o comitê dos trabalhadores uma declaração que coincidia aproximadamente com a argumentação de nosso trabalhador. A declaração aludia, não sem ironia, que o mais ávido por lucro entre os empreendedores de obras — um certo Sir M. Peto — encontrava-se em 'odor de santidade'".

Agora tudo fica mais claro. Quem enfrenta o patrão não é um operário individual, pois, sem dúvida, ao ironizar o patrão ele seria demitido. Quem enfrenta o patrão é uma *organização* criada *no interior* do local de trabalho pelos próprios operários em luta, por operários em greve. Não por acaso, Marx vai buscar essa argumentação irônica em uma greve *operária* que realmente existiu.

A ironia feita pelo personagem não é fruto da imaginação de Marx. A audácia da classe operária aqui descrita foi um fato real. Mas para ter essa audácia e ironizar o capitalista, nosso personagem não poderia ser um trabalhador individual. Ele é uma *organização operária*, um comitê de greve construído pelos próprios operários, uma organização que está no interior do local de trabalho. Nosso personagem é um trabalhador coletivo, uma organização interna composta pelos próprios operários, uma organização que foi construída a partir da luta, no decorrer de uma greve[19].

Quem representa os operários não é mais um funcionário público, alguém externo à classe operária como um inspetor de fábrica, mas os próprios operários em luta, organizados em seus comitês de greve. Este organismo interno ao local de trabalho, criado no calor da greve, serve como uma espécie de escudo protetor de cada operário individual. Caso o capitalista perguntasse, irritado, quem o tinha ironizado, provavelmente receberia como resposta: foi o comitê

---

[19] Conforme já comentava Benoit (1996, p. 30): "Como se vê, no interior do próprio modo de exposição de Marx, os pressupostos históricos aqui começam a aparecer enquanto postos pela classe trabalhadora em luta, enquanto postos por greves efetivamente ocorridas, enquanto postos por documentos produzidos pelos organismos de luta, os comitês de greve da própria classe trabalhadora".

de greve. O capitalista poderia, então, perguntar: quem compõe o comitê de greve? Os operários poderiam responder: todos os trabalhadores de sua empresa. Numa situação como essa, ficaria mais difícil para o capitalista demitir todos os trabalhadores juntos de uma só vez. Percebe-se, assim, a força adquirida pela ação de uma classe organizada. A atuação individual, por sua vez, mostra-se sem maior consistência. A única ação consequente é a ação das classes em luta. A partir daqui, diz Marx (1983, I, p. 190), trata-se de "uma luta entre o capitalista coletivo, isto é, a classe capitalista, e o trabalhador coletivo, ou a classe trabalhadora".

O significado desse personagem do capítulo VIII, o comitê de greve, é enorme: é a classe operária *em luta,* e a greve ganhando destaque como forma de luta nesse momento da exposição d'*O capital*. Estaria Marx fazendo uma homenagem àquela greve específica dos operários da construção civil ocorrida em 1860/61 em Londres? Ou seria mais do que isso? Será que a homenagem feita por Marx àquele comitê de greve específico não teria um significado simbólico? Não estaria Marx indicando, por meio da referência àquela greve, que todo e qualquer movimento grevista deveria construir seus comitês internos aos locais de trabalho para que, através deles, os próprios operários conduzissem sua greve? Ao dar a voz a um comitê de greve, Marx não estaria indicando que essa forma organizativa representa um salto de qualidade do movimento operário, um enorme avanço no sentido organizativo? Afinal, os comitês *internos* aos locais de trabalho não estariam num nível superior em relação àquelas organizações construídas apenas externamente? Os sindicatos, por exemplo, não possuiriam limites objetivos por serem organizações representativas e localizarem-se fora das empresas, tendo se tornado instituições restritas à legalidade da sociedade burguesa? Frequentemente os sindicatos são penalizados com multas milionárias quando as greves são consideradas pela justiça do trabalho como abusivas e ilegais. Os comitês de greve, além de serem ilegais e, por isso, não suscetíveis a multas, são compostos pelos próprios trabalhadores, são órgãos de democracia direta, órgãos criados dentro dos locais de trabalho, não precisando, desse modo, pedir licença para neles entrar. Eles já estão lá dentro.

Será que, ao dar a voz a um comitê de greve, Marx estaria, de fato, sugerindo uma superioridade dos comitês de greve em relação aos organismos externos às fábricas? A ironia feita no final do capítulo IV ajuda a refletirmos sobre o significado dos comitês de greve do capítulo VIII. Lá, Marx (1983, I, p. 144) havia afirmado que na entrada da instância oculta da produção estava escrito: "*no admittance except on business*", ou seja: "não é permitida a entrada a não ser a negócio". Ora, aqui no capítulo VIII fica mais claro que só podem entrar no local de trabalho o capitalista e o proletário, porque ambos fizeram um negócio, um comprou e o outro vendeu a força de trabalho. Nesse sentido, o sindicalista somente poderá entrar no local de trabalho para exercer a sua atividade sindical se, antes de tudo, fizer um negócio com o capitalista, pois, como disse Marx, no local de trabalho só entra quem fez negócio. Que negócio o sindicalista poderia fazer com o capitalista que o permitisse ingressar no local de trabalho para realizar a sua atividade sindical? O que o sindicalista pode vender ao capitalista? A única mercadoria que o sindicalista possui para vender é a sua força de trabalho enquanto sindicalista. Nesse sentido, o sindicalista somente conseguirá entrar na fábrica para conversar com os operários se antes vender ao capitalista o compromisso de que não irá causar problemas na relação entre o capitalista e seus trabalhadores. Para fazer uma atividade sindical dentro do local de trabalho, os dirigentes sindicais precisam antes negociar com o patrão o seu ingresso, pois precisam pedir licença para entrar na empresa. Com isso, o capital já neutraliza, em grande medida, a ação da direção sindical, por esta ser externa ao local de trabalho. A relação desses dois trechos d'*O capital,* o trecho do final do capítulo IV e esse trecho do início do capítulo VIII, revela que Marx está indicando a importância da *localização* das organizações dos trabalhadores. O fato de o sindicato estar localizado fora dos locais de trabalho retira-lhe muita capacidade de atuação. Os sindicatos e todas as organizações externas aos locais de trabalho possuem limitações objetivas, independentemente do caráter mais revolucionário ou mais conservador de sua direção.

O capítulo VIII esclarece, assim, o significado daquele convite feito por Marx (1983, I, p. 145) no final do capítulo IV. Lá, nosso autor chamou o leitor para abandonar a "esfera ruidosa (da circulação) e seguir (...) o possuidor de dinheiro e o possuidor da força de trabalho (...) ao local oculto da produção". Aqui, no capítulo VIII, fica claro que aquele convite feito por Marx é um convite para *se organizar no interior* do "local oculto da produção", se organizar no local onde os personagens não são mais iguais, pois um deles, o possuidor da força de trabalho, não possui mais seus meios de produção. Por isso, ele não consegue produzir um produto para ele mesmo vender. O que lhe resta para vender é unicamente a sua força de trabalho. Aquele convite para ingressar na instância da produção possui um caráter *organizativo*. É necessário se *organizar dentro* dos locais de trabalho. O fato de o personagem principal do capítulo VIII ser um comitê de greve, uma *organização coletiva* e não um trabalhador individual, além de ser uma *organização interna* ao local de trabalho e não uma organização indeterminada, que estivesse localizada em qualquer espaço, esclarece a importância do capítulo IV, quando ali se realiza a entrada para a instância da produção. *Organizar-se coletivamente no interior* do local de trabalho é um processo muito mais difícil do que se organizar fora do local de trabalho. Devido à dificuldade dessa passagem de uma instância à outra, da organização na instância da circulação para a organização na instância da produção, o capítulo IV ganhou um *status* superior aos demais capítulos, justamente por ser o momento dessa passagem para a instância da produção, esse momento em que se abre o caminho para a classe operária *se organizar no interior* do local de trabalho. Provavelmente seja por essa razão que Marx tenha transformado o capítulo IV em uma seção. Parece haver uma indicação de que a *organização proletária* deve ingressar na instância da produção e não apenas o proletário individual, como aparecia até então. Se a organização proletária não der esse passo, se ela não realizar essa transição para o interior do local de trabalho, pouca ou nenhuma influência ela exercerá na classe operária. Ela enfrentará enormes dificuldades até mesmo para organizar uma greve.

As *organizações internas* ao local de trabalho, personagens centrais do capítulo VIII, por estarem lá dentro e serem compostas pelos próprios operários, têm uma potencialidade muito superior aos trabalhadores individuais, seja o trabalhador que entrou sozinho na fábrica no final do capítulo IV, depois de ter vendido sua força de trabalho, seja um funcionário público, um trabalhador não operário, como Leonard Horner do capítulo VII, que os representa externamente.

Há ainda outro importante significado no tipo do comitê de greve escolhido por Marx. Por que, afinal, Marx escolheu um comitê de greve de operários e não um comitê de greve de outra categoria? Seria essa escolha casual? Considerando que Marx levou cerca de dois anos montando e remontando o Livro I d'*O capital,* dificilmente essa, assim como qualquer escolha feita por Marx, tenha sido casual. Essa escolha se assemelha àquela feita no capítulo V, quando Marx desvela o segredo da produção da mais-valia. Lá no capítulo V, Marx também elegeu operários como personagens centrais, os fiandeiros, aqueles que transformam algodão em fio. Teria essa escolha pela classe operária algum significado? Ao escolher operários nos capítulos V, VIII, XII e XIII, ao colocar um trabalhador do Estado apoiando os operários no capítulo VII, não estaria Marx indicando a centralidade da classe operária dentre as demais categorias do proletariado? Não estaria Marx indicando a necessidade de a classe operária entrar em movimento, fazer greves e, com elas, criar organizações internas aos locais de trabalho? Considerando a *lexis* deixada por Marx, parece iniciar aqui, no capítulo VIII, um *caminho organizativo que privilegia o interior dos locais de trabalho da classe operária.* Como tudo, a classe trabalhadora não é, portanto, um todo uniforme. Ela não poderia deixar de ser contraditória. É formada por diferentes setores, que começam aqui a ser desvelados.

ALGUNS DOS DIFERENTES SETORES DA CLASSE TRABALHADORA

Ao chegarmos ao capítulo VIII, é possível perceber como os personagens do drama se tornaram mais determinados. No capítulo I, os produtores nem sequer se reconheciam enquanto produtores, permanecendo ocultos e dominados pelos personagens centrais daquele capítulo: as mercadorias. Eram as mercadorias que se reconheciam e se espelhavam entre si. Tratava-se de produtores de mercadorias indeterminados, que não possuíam maior identidade entre si além dos diferentes valores de uso das mercadorias que produziam.

No capítulo II, os produtores já começam a se reconhecer, mas ainda enquanto produtores iguais, que vão ao mercado voluntariamente a fim de atender suas necessidades individuais. Parece haver, portanto, o início de um processo de superação do fetichismo que as mercadorias exercem sobre os seus produtores.

No entanto, esse processo não é tão fácil, sendo extremamente longo e penoso, pois, no capítulo III, o fetichismo retorna com força total. Aqui, nosso produtor entra em falência pelo fato de sua mercadoria não ser amada pelo dinheiro. O produtor mostra-se ainda totalmente refém do amor que as coisas estabelecem entre si.

No capítulo IV, ocorre um grande salto. Fica claro que aquele ato voluntário de ir ao mercado, exposto no capítulo II, expressa apenas parte da realidade. Ele revela apenas o movimento M – D – M, a circulação simples de mercadorias, quando as trocas que realizamos objetivam comprar uma mercadoria útil para ser consumida por nós, uma mercadoria que faz parte do nosso consumo pessoal. Muito diferente e nada voluntário é o ato do trabalhador assalariado, quando esse vai ao mercado de trabalho a fim de vender a única mercadoria que lhe restou. O trabalhador assalariado não vai voluntariamente a esse mercado, mas vai contrariado, porque sabe que será explorado, ou, nas palavras de Marx (1983, I, p. 145), está levando sua pele para ser esfolada no curtume. No entanto, esse trabalhador assalariado do capítulo IV, apesar de contrariado, ainda permanece tímido. Por que nosso trabalhador estaria tímido? Porque ele age ainda somente enquanto um indivíduo. Permanece, ainda, nesse sentido, semelhante ao personagem do capítulo II. No capítulo V, surge a figura do operário fabril, o fiandeiro, que, no momento em que ingressa na fábrica, ainda encontra-se como um indivíduo isolado.

No capítulo VII, enquanto a classe operária ainda não entrou em luta, ainda não se organizou no interior do local de trabalho, quem defende os interesses dos operários é um funcionário público. Apesar de ser um trabalhador assalariado, nosso inspetor de fábrica é ainda um representante externo à classe operária. Há aqui o reconhecimento entre proletários, embora de diferentes categorias, um ativo, enfrentando os capitalistas no papel de funcionário público, outros, ainda passivos, no papel de operários.

Já no capítulo VIII, ao entrarem em greve e construírem seus comitês de greve, os operários se reconhecem enquanto classe, enquanto trabalhador coletivo, superando, assim, os personagens anteriores, aqueles representantes individuais e externos à classe operária. Os comitês de greve, por serem organismos coletivos e internos aos locais de trabalho, não precisam negociar o seu ingresso nesse "local oculto", e falam, por isso, sem a timidez do capítulo IV, passando a ironizar abertamente o capitalista. A luta de classes, antes oculta, soterrada, se torna aberta.

Esses diferentes setores da classe trabalhadora podem ser expressos graficamente da seguinte maneira:

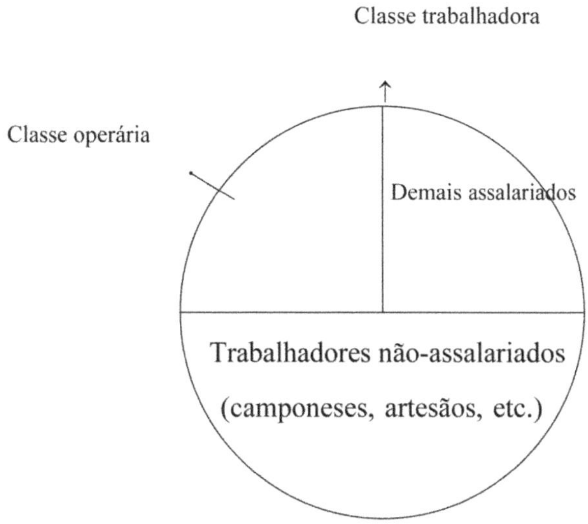

Figura 6: Representação gráfica de alguns setores da classe trabalhadora baseada no Livro I d'*O capital*. (Elaboração própria)

Como se vê, os ataques dos capitalistas contra os operários, expressos aqui pelo prolongamento desmesurado da jornada de trabalho, estimulam os operários a entrar em luta. Ao entrar em greve, os operários percebem a necessidade de se organizar no interior dos locais de trabalho, a construírem seus comitês de greve. Esses organismos internos contribuem para o processo de reconhecimento mútuo entre os operários individuais, um conhecimento de si enquanto membros de uma classe que possui interesses antagônicos em relação à classe capitalista. Os operários individuais desenvolvem, portanto, sua consciência de classe através da união com seus colegas numa luta coletiva contra um inimigo comum, o capitalista coletivo. (MARX, 1983, I, p. 190) A figura a seguir procura expressar as contradições entre as classes:

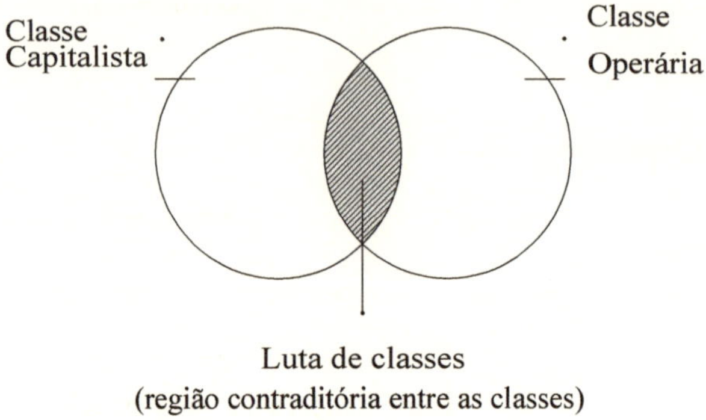

Figura 7: Contradições entre as classes. (Elaboração própria)

Segundo Marx (1983, I, p. 237), a consciência de classe se desenvolve através da experiência de luta vivida pela classe: "É preciso reconhecer que nosso trabalhador saiu do processo de trabalho diferente do que nele entrou". O trabalhador que entrou para a instância da produção no capítulo IV se transformou, movido pela luta de sua classe contra a classe capitalista. Qual seria o desenvolvimento ocorrido na consciência do trabalhador? Segundo Marx (1983, I, p. 237-238), ele percebeu "que não é nenhum agente livre (...) que, em verdade, seu explorador não o deixa, 'enquanto houver ainda um músculo, um tendão, uma gota de sangue para explorar'"[20]. A luta de classes, mesmo aquela impulsionada por reivindicações mais imediatas do trabalhador, como a redução da jornada de trabalho, pode possuir, dependendo de algumas condições, um caráter educativo para a classe. Ao se defender da ânsia do capitalista em prolongar a jornada de trabalho, ao entrar em greve e se organizar internamente criando comitês de greve, o trabalhador transforma suas condições de trabalho e, acima de tudo, transforma a si mesmo.

[20] Marx cita aqui um trecho da obra de Friedrich Engels, "Die englische Zehnstundenbill" [A lei inglesa da jornada de trabalho de dez horas], em "Neue Rheinische Zeitung. Politsch-Ökonomische Revue" [Nova Gazeta Renana. Revista de economia política], caderno de abril, 1850, p. 5.

Essa modificação do proletário causada pela luta de classes no interior dos locais de trabalho esclarece o significado da afirmação do capítulo V, quando Marx descreveu o processo de trabalho em qualquer forma social, desde o comunismo primitivo até os nossos dias. Lá, Marx diz que o homem, "ao atuar (...), por meio (do trabalho), sobre a Natureza externa a ele e ao modificá-la, ele modifica, ao mesmo tempo, sua própria natureza". (MARX, 1983, I, p. 149) Aqui no capítulo VIII, fica claro que, para Marx, o que transforma o trabalhador assalariado no capitalismo não é apenas o processo de trabalho em si, não é apenas o fato de ele modificar a Natureza em algo socialmente útil. No capitalismo, a luta de classes no interior do processo de trabalho tem um enorme potencial de transformação na consciência do trabalhador, porque ali as contradições entre as classes decorrentes de seus interesses antagônicos tendem a se manifestar abertamente. Afinal, os capitalistas pretendem aumentar a jornada de trabalho para aumentar a massa de mais-valia por eles apropriada, enquanto os trabalhadores resistem ao prolongamento fora da medida da jornada, pois isso atrofia prematuramente a sua força de trabalho. Essas contradições inconciliáveis entre as classes podem induzir a classe operária à luta e iniciar, assim, um processo de transformação da própria consciência do operário. Mas, para que isso aconteça, é preciso que a classe operária entre em cena, entre em luta. E para defender seus interesses mais imediatos, como, por exemplo, impedir o prolongamento da jornada de trabalho, a classe operária tende a entrar em luta.

Apesar de Marx defender, portanto, no capítulo V, que o trabalho é central em qualquer sociedade, que sem o trabalho não haveria os meios de subsistência indispensáveis à produção e reprodução da vida humana, essa é ainda uma abordagem abstrata, indeterminada, pois não expõe as contradições centrais entre a classe trabalhadora assalariada e a classe capitalista, que aparecem somente no capítulo VIII.

Considerando o que foi visto até aqui, o problema central enfrentado por Marx em *O capital* parece ser menos a centralidade que o trabalho ocupa em todas as sociedades humanas, e mais expor como a classe operária, *na sociedade capitalista*, pode se erguer, pode "levantar a sua voz" (MARX, 1983, I, p. 189) para se defender da ânsia do capital, este que "é trabalho morto, que apenas se reanima, à maneira dos vampiros, chupando trabalho vivo e que vive tanto mais quanto mais trabalho vivo chupa". (MARX, 1983, I, p. 189)

Vimos, então, que, ao contrário do primeiro item do capítulo V, aqui no capítulo VIII, a transformação essencial do trabalhador não decorre do processo de trabalho em geral, isto é, não decorre de sua relação com a natureza realizada através do trabalho humano em geral. A transformação essencial do trabalhador assalariado é o desenvolvimento de sua consciência de classe que decorre da luta de sua classe contra a classe dos capitalistas. Esse não é um processo individual, próprio de um homem abstrato existente em qualquer época histórica, mas um processo coletivo de uma classe determinada, *a classe operária*, contra outra classe determinada, *a classe capitalista*, numa sociedade determinada, *o capitalismo*. Parece ser um erro, portanto, essencializar o primeiro item do capítulo V, passagem que trata de uma idílica relação de um homem genérico com uma natureza igualmente genérica, que tanto pode se realizar "sob o brutal açoite do feitor de escravos ou sob o olhar ansioso do capitalista, se Cincinnatus o realiza ao cultivar suas poucas jugera[21] ou o selvagem ao abater uma fera com uma pedra". (MARX, 1983, I, p. 153-154) Seria um equívoco pretender desenvolver, a partir do item 1 do capítulo V, uma formulação a respeito do papel central do trabalho no desenvolvimento da humanidade, deixando de atribuir um papel central em *O capital* às contradições de classes produzidas pela relação entre a classe de trabalhadores assalariados e a classe capitalista[22]. Aqui no capítulo VIII, aquele trabalhador individual e indeterminado do item 1 do capítulo V, em sua relação com uma natureza indeterminada, é superado pela classe operária em luta, um personagem coletivo e bem determinado

[21] Jeiras: A jeira é uma antiga medida de superfície para medição de terrenos agrícolas equivalente a dois acres.

[22] A esse respeito, ver Benoit (1999).

historicamente. Fica claro aqui que, para Marx, nas sociedades de classes a ação individual não possui maior consistência. Sua ação não é efetiva. A ação da classe trabalhadora, em luta contra a classe capitalista, pode, esta sim, produzir algum resultado efetivo. Um operário, sozinho, não conseguiria fazer com que o Estado burguês aprovasse uma lei capaz de impor uma restrição ao prolongamento desmedido da jornada de trabalho, mas a classe operária conseguiu conquistar essa lei, depois de décadas de árdua luta exposta exaustivamente por Marx no capítulo VIII.

Aparentemente, Marx (1983, I, p. 237) parece indicar que o movimento da classe trabalhadora tende a surgir instintivamente, independentemente da consciência dos operários individuais. As contradições em torno da jornada de trabalho poderiam conduzir os trabalhadores à luta. Para se defender do prolongamento desmesurado da jornada de trabalho, os trabalhadores seriam levados a entrar em luta e construir suas organizações contra a ânsia dos capitalistas por se apropriar de uma quantidade cada vez maior de mais-valia.

No entanto, veremos a seguir que esse levante não necessariamente é totalmente instintivo. Marx cria um personagem que aparece, inesperadamente, no final do capítulo VIII, ironizando a conquista da classe operária de um limite legal da jornada de trabalho: "*Quantum mutatus ab illo!*,[23] diz nosso anônimo personagem. Qual seria o significado dessa ironia? Ao utilizar um trecho da obra *Eneida*, do poeta romano Virgílio, teria Marx o objetivo de desprezar a árdua luta de quatro décadas que fez a classe trabalhadora inglesa impor à classe capitalista um limite legal da jornada de trabalho? Certamente não. Se Marx fosse, no final, desprezar a luta da classe operária inglesa, não teria despendido dezenas de páginas expondo essa luta.

Ou estaria Marx, através desse irônico personagem, num outro sentido, procurando instigar a classe operária a continuar lutando? Não estaria Marx estimulando a classe operária a não se contentar com uma lei que limitava a jornada de trabalho diária a nove horas?

---

[23] "Que grande mudança!"

A frase "que grande mudança!" não poderia estar simbolizando, em certa medida, uma agitação política feita por esse personagem, até então oculto, dentre a classe operária em luta? Esse personagem que a instiga à luta não poderia ser um integrante de uma direção revolucionária? Por saber que os capitalistas encontrarão outros meios de aumentar o grau de exploração da força de trabalho, esse personagem anônimo e discreto não estaria ironizando a conquista da classe operária com o objetivo de evitar que ela se acomodasse diante de uma efêmera conquista?

Assim, através de uma agitação poético-política, utilizando um poeta clássico, em poucas palavras ("Que grande mudança!"), a direção revolucionária aproveita o momento de êxtase da classe pela recente vitória para... educá-la. Até então oculta, nem por isso ausente, mas clandestina no interior da classe operária, uma espécie de "presença ausente", a direção revolucionária, que atuou até aqui de maneira quase anônima, estimulando a construção dos comitês de greve no interior dos locais de trabalho, vem a público no final do capítulo VIII para continuar conduzindo a luta, agora de maneira mais aberta. Afinal, a classe, quando entra em luta, se mistura com sua direção e, desse modo, a protege.

Além de todo esse significado aqui exposto, não estaria Marx chamando a atenção para a potencialidade da arte na relação entre a direção revolucionária e a classe operária?

É possível perceber ainda nesse capítulo VIII que a contradição interna da mercadoria entre valor de uso e valor exposta no capítulo I se manifesta agora como uma luta entre a classe capitalista e a classe operária, a primeira procurando utilizar o *valor de uso da força de trabalho* ao máximo possível, o valor de uso de produzir mais-valia, enquanto a classe operária procura preservar o *valor de sua mercadoria*, evitando seu desgaste excessivo e prematuro numa jornada de trabalho demasiadamente prolongada. Como disse o nosso personagem: "a utilização [do valor de uso] da mercadoria força de trabalho e a espoliação dele são coisas totalmente diferentes". A antítese ou luta interna da mercadoria entre valor de uso e valor se manifesta aqui externamente através da luta de classes, uma "guerra civil de longa duração, mais ou menos oculta, entre a classe capitalista e a classe trabalhadora" (MARX, 1983, I, p. 236), uma luta para determinar, por um lado, quanto do valor produzido durante a jornada de trabalho os capitalistas vão se apropriar e, por outro lado, quanto desse valor produzido ficará com aqueles que o produziram, os trabalhadores assalariados. Veremos que essa luta permanecerá durante todo caminho percorrido daqui em diante em *O capital*.

NA BUSCA DE MASSAS CRESCENTES DE MAIS-VALIA, OS CAPITALISTAS SÃO IMPULSIONADOS A AMPLIAR AS SUAS EMPRESAS

Vimos que o prolongamento da jornada de trabalho é uma importante maneira de aumentar o grau de exploração dos trabalhadores assalariados e, consequentemente, aumentar a apropriação de mais-valia por parte dos capitalistas. Marx denomina essa forma de aumentar a mais-valia de "mais-valia absoluta". Além de aumentar ao máximo o grau de exploração da força de trabalho ou, o que é o mesmo, elevar até o limite a taxa de mais-valia, Marx pergunta no início do capítulo IX o que os capitalistas podem fazer para aumentar a massa de mais-valia por eles apropriada. Nosso autor responde que os capitalistas podem aumentar *a quantidade* de trabalhadores por eles explorados, uma vez que, por mais que o capitalista aumente o grau de exploração de um pequeno número de trabalhadores, esse pequeno número lhe impõe limites quantitativos bastante estreitos. Assim, a fim de aumentar a *massa de mais-valia*, os capitalistas são estimulados a aumentar o tamanho de suas empresas e contratar um número maior de trabalhadores. Somente combinando um elevado grau de exploração dos trabalhadores individuais com um grande contingente de trabalhadores explorados é que os capitalistas conseguem aumentar o limite da *massa de mais-valia* por eles apropriada.

Aqui se torna clara uma afirmação bastante indeterminada feita no capítulo I. No primeiro parágrafo daquele capítulo, Marx (1983, I, p. 45) comentou que "a riqueza das sociedades em que domina o modo de produção capitalista aparece como uma imensa coleção de mercadorias". Naquele capítulo I, a sociedade era ainda dividida entre ricos, de um lado, que continham uma "imensa coleção de mercadorias", e, de outro lado, os pobres, com uma escassa coleção de mercadorias. Naquele capítulo não tinha ficado claro de que maneira alguém pode aumentar a sua riqueza ou, o que é o mesmo, aumentar a sua coleção de mercadorias. Na Seção III, que termina aqui no capítulo IX, Marx esclarece que, no capitalismo, a forma clássica de aumentar a riqueza de uma classe específica da sociedade, a classe capitalista, é explorando a classe trabalhadora assalariada através da apropriação privada da mais-valia. Quanto mais elevado for o grau de exploração e quanto maior for o número de trabalhadores explorados, maior será o enriquecimento do capitalista, maior será a tendência de aumentar a sua "coleção de mercadorias".

Como se vê, aquela forma abstrata de dividir a sociedade entre ricos e pobres exposta por Marx no início do Livro I é superada aqui no capítulo IX ao mostrar que a sociedade capitalista, por ser dividida fundamentalmente entre burgueses e trabalhadores assalariados, confere aos primeiros o direito de explorar no mais alto grau uma enorme quantidade de trabalhadores, e é isso o que os torna, por um lado, ricos e capazes de aumentar a sua "coleção de mercadorias" e, por outro lado, torna a classe trabalhadora incapaz de aumentar a sua. De maneira geral, ser rico, no capitalismo, significa participar, direta ou indiretamente, da exploração da força de trabalho alheia. Desvela-se, assim, o que está por trás da riqueza numa sociedade baseada na valorização do valor ou na apropriação privada da mais-valia.

Terminamos, assim, a Seção III. Passamos a partir de agora à exposição da "Produção da Mais-Valia Relativa", título da Seção IV do Livro I, que inicia no capítulo X.

OUTRAS FORMAS DE AUMENTAR A MAIS-VALIA

Ao enfrentar os limites ao prolongamento da jornada de trabalho impostos pela luta da classe trabalhadora, a classe capitalista passa a buscar, segundo Marx (1983, I, p. 249), outras formas de "aumentar a produção de mais-valia, isto é, prolongar o mais-trabalho sem qualquer prolongamento ou independente de qualquer prolongamento da jornada de trabalho." Mantendo-se o pressuposto de que a produção de mais-valia deve respeitar a troca de equivalentes, isto é, que o capitalista precisa comprar e vender tudo pelo valor, não se admite, por enquanto, a hipótese da redução do salário abaixo do valor da força de trabalho, ou, o que é o mesmo, não se admite ainda que a força de trabalho se reproduza de maneira atrofiada.

Sem poder aumentar a jornada de trabalho e o número de trabalhadores explorados, sem poder reduzir o salário abaixo do valor da força de trabalho, o desafio de aumentar a mais-valia é impossível ao capitalista individual, considerado isoladamente.

No entanto, o fato de o salário não poder cair abaixo do valor não significa que o valor da força de trabalho não possa diminuir. Trata-se, portanto, de encontrar formas de reduzir o valor da força de trabalho a fim de aumentar, desse modo, a mais-valia.

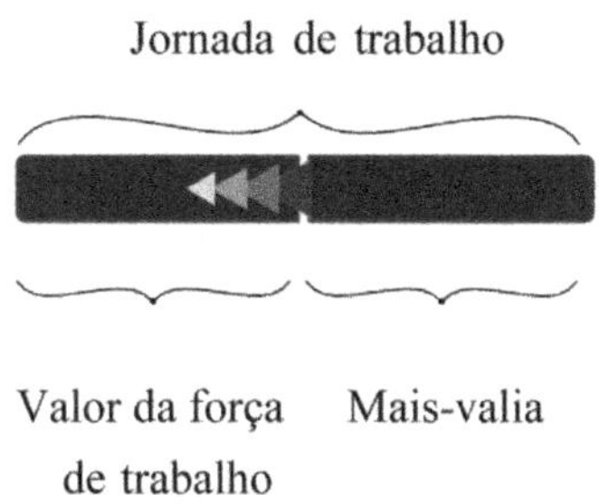

Figura 8: Redução do valor da força de trabalho a fim de aumentar a massa de mais-valia

O problema que se coloca então é como reduzir o valor da força de trabalho. Vimos no capítulo IV que o valor da força de trabalho é medido do mesmo modo que o valor de todas as outras mercadorias, pela quantidade de trabalho humano abstrato socialmente necessário para produzi-la. Vimos também que a força de trabalho, que é a capacidade do trabalhador de trabalhar, é indissociável de seu corpo. Para poder vendê-la por um dia, o trabalhador precisa estar em condições físicas de trabalhar naquele dia. Para ter estas condições físicas, ele precisa consumir determinadas mercadorias (alimentos, roupas, moradia, água, energia elétrica, transporte etc.). O valor da força de trabalho corresponde, portanto, à soma do valor dessas mercadorias, isto é, à soma da quantidade de trabalho humano abstrato contido nos meios de subsistência da classe trabalhadora.

Para reduzir o valor da força de trabalho, é necessário reduzir o valor dos meios de subsistência dos trabalhadores assalariados. Como é possível reduzir o valor de alguma mercadoria? Através do desenvolvimento da produtividade do trabalho nos setores responsáveis por produzir estas mercadorias, uma vez que, com meios de trabalho mais aperfeiçoados, menor quantidade de trabalho será necessária para produzir cada mercadoria, diminuindo, assim, o seu valor.

Ao diminuir o valor dos meios de subsistência da classe trabalhadora através da aplicação de tecnologia mais avançada na produção desses meios de subsistência, reduz-se, desse modo, o valor da força de trabalho e aumenta-se, consequentemente, a magnitude da mais-valia, desde que as demais circunstâncias permaneçam constantes.

A mais-valia aumenta aqui como resultado do desenvolvimento da produtividade do trabalho nos setores que produzem os meios de subsistência da classe trabalhadora. Ao produzir os meios de subsistência com menor quantidade de trabalho, reduz-se também a quantidade de trabalho abstrato socialmente necessário para produzir a força de trabalho. Ao diminuir o valor da força de trabalho, mantendo constantes as demais circunstâncias, aumenta a mais-valia. Essa forma de aumentar a mais-valia é chamada *mais-valia relativa* porque seu acréscimo se deve à mudança na *relação* entre o valor da força de trabalho e a mais-valia, sem que haja um aumento absoluto da jornada de trabalho.

A vantagem da mais-valia relativa para os capitalistas é que os trabalhadores não percebem que estão sendo mais explorados, porque continuam trabalhando a mesma jornada anterior e consumindo os mesmos meios de subsistência que consumiam antes, pois o valor de sua força de trabalho diminuiu proporcionalmente à redução do valor dos meios de subsistência. A desvantagem da mais-valia relativa para os capitalistas é que o desenvolvimento da produtividade do trabalho nos setores que produzem meios de subsistência dos trabalhadores assalariados não é uma medida individual, não estando ao alcance, assim, de uma decisão do capitalista individual, como era o caso da decisão de prolongar a jornada de trabalho ou de contratar mais trabalhadores, que caracteriza a mais-valia absoluta. A mais-valia relativa, ao contrário, é consequência de uma ação inconsciente de alguns capitalistas, aqueles capitalistas dos setores que produzem meios de subsistência dos trabalhadores assalariados. É uma ação inconsciente porque eles não desenvolvem a produtividade em suas empresas a fim de reduzir o valor da força de trabalho para que todos os seus colegas de classe sejam beneficiados. Eles investem em novas tecnologias para reduzir o valor das suas mercadorias, procurando diminuir os seus custos de produção e aumentar, assim, seus lucros individuais. Ao fazerem isso, estão diminuindo, sem perceber, o valor da força de trabalho de todos os trabalhadores que consomem aquele meio de subsistência. "Não o sabem, mas o fazem", como diz Marx (1983, I, p. 72) em outro trecho d'*O capital*.

A mais-valia relativa é, portanto, o resultado de um processo social, uma obra comum da classe capitalista como um todo, uma obra que ocorre, como diz Marx, pelas costas dos capitalistas individuais. Este é um dos exemplos da ideia de que todos, capitalistas e proletários individuais, não passam de personagens que representam classes sociais, são "personificações de relações econômicas", para usar as palavras de Marx (1983, I, p. 80) no capítulo II. Todos, inclusive os capitalistas, atuam, em certa medida, de maneira inconsciente, sem dominar totalmente o que fazem.

Nos próximos capítulos, Marx vai expor algumas formas particulares de aumentar a mais-valia de maneira relativa. A primeira delas é a cooperação, título do capítulo XI.

NA BUSCA PELO AUMENTO DA PRODUTIVIDADE DO TRABALHO, O CAPITAL ACABA REUNINDO E ORGANIZANDO A CLASSE OPERÁRIA

Marx (1983, I, p. 259) inicia o capítulo XI expondo o conceito de cooperação: "a forma de trabalho em que muitos trabalham planejadamente lado a lado e conjuntamente, no mesmo processo de produção ou em processos de produção diferentes, mas conexos, chama-se cooperação". Com o fim de racionalizar o processo de trabalho, os capitalistas modificam os métodos de produção, aumentando a cooperação entre os trabalhadores assalariados que trabalham em suas empresas. Marx (1983, I, p. 260) cita, então, um exemplo de cooperação entre os trabalhadores no interior do processo de trabalho: "assim, por exemplo, quando 12 pedreiros formam uma fila de mãos para levar tijolos do pé ao alto do andaime (...), as 24 mãos do trabalhador coletivo os transportam mais rapidamente do que as duas mãos de cada trabalhador individual que subisse e descesse o andaime. O objeto de trabalho percorre o mesmo espaço em menor tempo". A cooperação é uma maneira que os capitalistas têm ao seu alcance para aumentar a produtividade do trabalho sem precisar investir mais dinheiro para isso. Basta organizar o processo de trabalho de maneira mais racional e planejada. Se esses métodos de trabalho que aumentam a produtividade do trabalho forem aplicados nos setores que produzem os meios de subsistência dos trabalhadores, o valor desses meios de subsistência diminuirá, pois diminuirá a quantidade de trabalho necessária para produzi-los e, com isso, diminuirá também o valor da força de trabalho de todo o proletariado, pois todos os trabalhadores consumirão esses meios de subsistência com valor reduzido.

Um dos setores que produzem meios de subsistência da classe trabalhadora é o setor da construção civil, utilizado por Marx aqui no exemplo. Se a produtividade do trabalho aumentar na construção de habitações populares, o valor delas diminuirá, diminuindo com isso o valor da força de trabalho, pois a despesa dos trabalhadores com o pagamento do aluguel ou da prestação de sua casa terá diminuído. O trabalhador precisará de uma quantidade menor de seu trabalho para pagar o aluguel ou a prestação do financiamento de sua casa, o que fará o valor de sua força de trabalho diminuir, aumentando, assim, a mais-valia de maneira relativa, caso as demais circunstâncias permaneçam constantes. Os trabalhadores estarão sendo mais explorados, pois estarão produzindo uma massa de mais-valia maior, mas farão isso inconscientemente, pois estarão consumindo o mesmo que antes. Mais uma vez: "não o sabem, mas o fazem". (MARX, 1983, I, p. 72)

No exemplo utilizado por Marx, os pedreiros são dispostos em linha, um ao lado do outro, a fim de transportarem mais rapidamente os tijolos do pé ao alto do andaime. Qual pode ser uma das consequências de ocupar vários trabalhadores ao mesmo tempo, parados um ao lado do outro? Segundo Marx (1983, I, p. 263), "com a massa dos trabalhadores ocupados ao mesmo tempo cresce também sua resistência e com isso necessariamente a pressão do capital para superar essa resistência". Dispostos um ao lado do outro, os trabalhadores podem ter tempo de conversar entre si e, nessa conversa, trocarem impressões sobre as condições de trabalho, sobre o salário etc. Como se vê, as mesmas medidas que os capitalistas são levados a pôr em prática para promover o aumento da produtividade do trabalho podem facilitar, contraditoriamente, a organização dos trabalhadores, o que tende a aprofundar as contradições de classes. Ao buscarem o aumento da produtividade do trabalho, os capitalistas estão proporcionando, sem perceber, as condições para que o seu adversário de classe se una e se organize. Aqui são, mais uma vez, os capitalistas que "não o sabem, mas o fazem". (MARX, 1983, I, p. 72) O processo de trabalho é, em certa medida, regido por ações inconscientes e contraditórias que podem estimular o aprofundamento da luta de classes. Os antagonismos entre as classes permanecem potentes e mais uma vez os operários da construção civil aparecem aqui representando os demais setores da classe trabalhadora.

Marx termina o capítulo XI diferenciando a cooperação simples das formas mais desenvolvidas de cooperação. A forma simples de cooperação é esta até aqui considerada, a mera reunião de trabalhadores um ao lado do outro, todos realizando a mesma operação. Desde os primórdios do capitalismo, no século XVI, que corresponde ao período manufatureiro, até os nossos dias, caracterizado pela grande indústria surgida a partir da revolução industrial iniciada no último terço do século XVIII, quando a produção capitalista passou a se basear na utilização da maquinaria em larga escala, a busca do aumento da produtividade do trabalho através da cooperação entre os trabalhadores é algo permanente. Com o passar do tempo, as formas de cooperação entre os trabalhadores foram se desenvolvendo. Uma dessas formas se dá através do aprimoramento da divisão do trabalho, que Marx abordará no próximo capítulo, o capítulo XII.

MANUFATURA CAPITALISTA: O CAPITAL AINDA DEPENDE DA HABILIDADE DO TRABALHADOR

No capítulo anterior, Marx (1983, I, p. 257) observou que, *inicialmente*, a manufatura capitalista mal se distinguia da indústria artesanal que compunha as corporações medievais, "a não ser pelo maior número de trabalhadores ocupados simultaneamente pelo mesmo capital. [Com a manufatura capitalista,] a oficina do mestre-artesão é apenas ampliada".

Mas, com o passar do tempo, diz Marx (1983, I, p. 267), "sucede uma modificação essencial". A produção de uma mercadoria que antes era executada por um único trabalhador passa a ser dividida em diversas operações particulares, executadas, cada uma, por um trabalhador diferente. A produção total de determinada mercadoria passa a ser realizada pela união de trabalhadores parciais, fazendo com que eles percam, "pouco a pouco, com o costume, a capacidade de exercer seu antigo ofício em toda a sua extensão". (MARX, 1983, I, p. 267) Os órgãos do mecanismo de produção passam a ser seres humanos (MARX, 1983, I, p. 268) e o sujeito o trabalhador coletivo combinado. "O trabalhador deixa de ser o costureiro, o serralheiro, etc., e passa a ser por toda a sua vida um trabalhador parcial". (MARX, 1983, I, p. 269) Nesse sentido, Marx (1983, I, p. 268) afirma que "enquanto o agulheiro isolado realizava uma série de talvez 20 operações consecutivas, aqui [na manufatura], 20 agulheiros logo passaram a executar paralelamente cada um apenas uma das 20 operações (...)". Como se vê, na manufatura o trabalho do antigo artesão medieval passa a ser dividido entre vários trabalhadores assalariados. Nesse sentido, Marx (1983, I, p. 270)comenta que o artesão medieval era "obrigado a mudar ora de lugar, ora de instrumentos. A passagem de uma operação para outra interrompia o fluxo de seu trabalho e formava em certa medida poros em sua jornada de trabalho." Nesses espaços de tempo, denominados poros, o trabalhador não produzia valor. A divisão do trabalho introduzida pela manufatura capitalista diminuiu esses poros mortos da jornada, elevando, assim, a intensidade do trabalho.

Apesar de ter perdido a sua habilidade artesanal devido à divisão do trabalho, aqui na manufatura ainda é o trabalhador quem comanda a máquina. No entanto, essa situação não vai perdurar por muito tempo. O advento da grande indústria, tema do próximo capítulo, fará com que o trabalhador perca todo o controle sobre o processo de produção.

A JORNADA MAIS CURTA TORNA-SE MAIS INTENSA: O TRABALHADOR SE EXAURE EM MENOS TEMPO

No capítulo XII, vimos como as corporações de ofício medievais foram superadas pela manufatura capitalista através do desenvolvimento da divisão do trabalho. No capítulo XIII, será descrito um enorme passo dado pelo capital em sua relação com a classe trabalhadora: a superação da manufatura pela grande indústria. Esta surge quando a maquinaria passa a ser utilizada em larga escala, desenvolvendo-se, com isso, o que Marx (1983, II, p. 12) chama de sistema de máquinas, máquinas interligadas entre si exigindo, assim, a mínima intervenção humana.

No sistema de máquinas da grande indústria um único motor passa a movimentar várias máquinas, que se relacionam entre si num processo meticulosamente planejado. Com a grande indústria, o trabalhador é transformado num mero apêndice da máquina. Segundo Marx (1983, II, p. 87), enquanto "na manufatura e no artesanato, o trabalhador se serve da ferramenta; na fábrica, ele serve a máquina. Lá, é dele que parte o movimento do meio de trabalho; aqui, ele precisa acompanhar o movimento. Na manufatura, os trabalhadores constituem os membros de um mecanismo vivo. Na fábrica, há um mecanismo morto, independente deles, ao qual são incorporados como um apêndice vivo, um acessório consciente de uma máquina parcelar". Na grande indústria, não é o trabalhador quem usa as condições de trabalho, mas, ao contrário, são as condições de trabalho que usam o trabalhador. (MARX, 1983, II, p. 43) A máquina "substitui (...) a mão humana" (MARX, 1983, II, p. 16)[24], pois é "um mecanismo que (...) executa com suas ferramentas as mesmas operações que o trabalhador executava antes com ferramentas semelhantes". (MARX, 1983, II, p. 9) O trabalhador, que é o criador das máquinas, se transforma em criatura, e as máquinas, como criadores absolutos, "fiam sem os dedos", conforme rezava o prospecto da máquina de fiar criada por John Wyatt, em 1735. (MARX, 1983, II, p. 8)

Por meio do sistema de máquinas, a produtividade do trabalho tem um enorme crescimento. Com o sistema de máquinas, tudo no interior das fábricas ganha uma dimensão gigantesca: "A tesoura mecânica corta ferro como corta pano a tesoura do alfaiate," podendo ser comparada ao "martelo a vapor, [sendo tão pesado que] nem mesmo Thor conseguiria brandi-lo" (MARX, 1983, II, p. 17). É tão difícil, diz Marx, (1983, II, p. 9) "encontrar um fiandeiro capaz de fiar o algodão usando dois fusos ao mesmo tempo quanto encontrar homens com duas cabeças, mas a máquina Jenny fia, de saída, com 12 a 18 fusos".

Além de aumentar a dimensão das operações fabris, o sistema de máquinas passa a impor um acelerado ritmo de trabalho ao operário, preenchendo de maneira mais densa "os poros da jornada de trabalho". (MARX, 1983, II, p. 33) Isso significa que o sistema de máquinas "impõe ao trabalhador uma condensação do trabalho a um grau que só é atingível dentro da jornada de trabalho mais curta". (MARX, 1983, II, p. 33) Ganha-se em grau de esforço o que se perde em duração (MARX, 1983, II, p. 34), ou, em outras palavras, espreme-se mais trabalho no mesmo espaço de tempo. (MARX, 1983, II, p. 35)

A pergunta que surge, então, é o que teria levado os capitalistas a investirem no desenvolvimento de um sistema articulado de máquinas capaz de dominar o trabalhador, tornando-o um mero apêndice delas. Para Marx, (1983, II, p. 33) o que estimulou os capitalistas a investirem em novas tecnologias foi a luta de classes, aquela luta pela redução

[24] Marx comenta que David Ricardo já havia observado que "maquinaria e trabalho estão em constante competição". (MARX, 1983, II, 48, nota 197)

da jornada de trabalho exposta no capítulo VIII, que exerceu uma influência fundamental nesse processo: "Assim que a revolta cada vez maior da classe operária obrigou o Estado a reduzir à força a jornada de trabalho (...) o capital lançou-se com força total e plena consciência (...) ao desenvolvimento acelerado do sistema de máquinas". Quando, após décadas de muita luta, a classe trabalhadora finalmente conseguiu conquistar uma lei que limitava a jornada diária de trabalho a 9 ou 10 horas, essa conquista foi, em seguida, neutralizada pelo capital através do adensamento da jornada provocado pela utilização do sistema de máquinas. "A hora mais intensa da jornada de trabalho de 10 horas contém, agora, tanto mais trabalho, isto é, força de trabalho despendida, do que a hora mais porosa da jornada de 12 horas". (MARX, 1983, II, p. 33)

Em 1844, o Lorde Ashley contabilizou da seguinte maneira o aumento da intensidade do trabalho nas fábricas: "Em 1825, o fiandeiro tinha que executar 1.640 tiradas nas duas máquinas *mule* durante as 12 horas de sua jornada diária. Em 1832, o número de tiradas diárias aumentou para 4.400. Em 1844 cresceu para 4.800. (MARX, 1983, II, p. 36) O deputado Ferrand também atestou na Câmara baixa, em 1863, o aumento da intensidade do trabalho: "Em vez de, como anteriormente, uma pessoa com assistentes cuidar de dois teares, agora, sem assistentes, ela cuida de três e não é nada incomum que uma pessoa cuide de uns quatro". (MARX, 1983, II, p. 39)

Os inspetores de fábrica, que defendiam os interesses dos operários e louvavam "os resultados favoráveis das leis fabris de 1844 e 1850[25] [que obrigaram a redução da jornada de trabalho], foram forçados a reconhecer que essa redução (...) provocou uma intensificação do trabalho destruidora da saúde dos trabalhadores". (MARX, 1983, II, p. 39) O aumento da intensidade do trabalho provocado pelo aperfeiçoamento das máquinas foi, "sem sombra de dúvida, impulsionado pela redução da jornada de trabalho", conforme afirmam os relatórios

[25] Consideradas pelos capitalistas como uma "intromissão (do Estado) nos direitos de exploração do capital", as leis fabris foram "a primeira concessão penosamente arrancada ao capital." (MARX, 1983, II, p. 90)

dos inspetores de fábrica. (MARX, 1983, II, p. 38) Conclui, então, Marx (1983, II, p. 39), de maneira precisa: "Não há a menor dúvida de que a tendência do capital, uma vez que o prolongamento da jornada de trabalho lhe é definitivamente vedado por lei, é de ressarcir-se mediante sistemática elevação do grau de intensidade do trabalho e transformar todo aperfeiçoamento da maquinaria num meio de exaurir ainda mais a força de trabalho". Fica claro, portanto, que, para Marx, é a luta de classes que exige a formulação e a aplicação da lei, ou seja, é a luta de classes que exige a intervenção do Estado, assim como é a luta de classes que estimula o desenvolvimento tecnológico e sua aplicação na produção: "A regulamentação obrigatória da jornada de trabalho, estabelecendo duração, pausas, início e término, o sistema de turnos para crianças, a exclusão de todas as crianças abaixo de certa idade etc., (conquistadas por meio das leis fabris) torna necessário (...) mais maquinaria e a substituição de músculos por vapor como força motriz." (MARX, 1983, II, p. 81)

Compreende-se melhor agora o sentido da ironia feita por Marx (1983, I, p. 238) no final do capítulo VIII, quando utilizou a seguinte expressão da obra do poeta romano Virgílio: "que grande mudança!". Como vimos, Marx referia-se à conquista dos operários ao terem forçado o Estado a estabelecer um limite legal ao prolongamento da jornada de trabalho. Agora, no capítulo XIII, percebe-se que essa conquista operária não foi, de fato, uma grande mudança, pois o capital, através do aumento da intensidade do trabalho, logo recuperou a mais-valia anteriormente perdida pela redução da jornada de trabalho. Fica claro que aquele personagem que usa a arte do poeta Virgílio para ironizar uma conquista momentânea da classe operária já sabia que o capital encontraria outros meios para aumentar a apropriação privada da mais-valia. Por saber disso, o irônico personagem do final do capítulo VIII instigava a classe trabalhadora a continuar lutando: "que grande mudança" ter conquistado uma lei estatal! Aqui, no capítulo XIII, percebe-se que aquele personagem estava certo. O capital não apenas conseguiu encontrar formas de aumentar a mais-valia como estendeu suas garras a toda a família operária.

O PERSONAGEM SE AMPLIA

Mediante a utilização da maquinaria em larga escala, não é mais somente o trabalhador masculino adulto que produz a mais-valia, esse alimento do capital. Este se alimenta agora do desgaste do cérebro, dos músculos e dos nervos de toda a família operária, pois "à medida que a maquinaria torna a força muscular dispensável, ela se torna o meio de utilizar trabalhadores sem força muscular ou com desenvolvimento corpóreo imaturo, mas com membros de maior flexibilidade". Por isso, conclui Marx (1983, II, p. 23): "o trabalho de mulheres e crianças foi a primeira palavra-de-ordem da aplicação capitalista da maquinaria!"

Que consequências teria o ingresso das mulheres e das crianças no mercado de trabalho para o conjunto da classe operária? Responde Marx (1983, II, p. 23): "ao lançar todos os membros da família do trabalhador no mercado de trabalho, a maquinaria reparte o valor da força de trabalho do homem por toda sua família". A partir do advento da grande indústria, o valor da força de trabalho do trabalhador masculino adulto não precisa mais ser suficiente para sustentar toda a sua família, como havia sido exposto no capítulo IV e correspondeu ao momento histórico da infância do capitalismo. A partir da revolução industrial e a generalização do uso das máquinas, o valor da força de trabalho do pai de família é reduzido ao valor de seus próprios meios de subsistência, uma vez que todos os membros de sua família passaram a receber um salário[26]. O ingresso das mulheres e das crianças no mercado de trabalho desvaloriza, portanto, a força de trabalho masculina adulta, (MARX, 1983, II, p. 23) aumentando, assim, a mais-valia relativa apropriada privadamente pela classe capitalista.

No capítulo IV, o trabalhador assalariado masculino adulto era proprietário exclusivamente da sua mercadoria força de trabalho. A grande indústria o torna, de maneira contraditória e brutal, um mercador de escravos. Agora ele é forçado a vender mulher e filho. (MARX, 1983, II, p. 23) Sendo toda a família submetida ao capital, o trabalhador masculino adulto tem quebrada a sua capacidade de resistência ao despotismo do capital, resistência que ele ainda conseguia impor, em grande medida, durante o período manufatureiro. (MARX, 1983, II, p. 28)

Além disso, o capital se aproveita do fato de o trabalho das mulheres e crianças ser mais barato, o chamado *cheap labour,* (MARX, 1983, II, p. 71 e 78) para aumentar ainda mais a apropriação privada de mais-valia. A grande indústria cria, assim, uma nova era, a era em que a objetividade do ritmo das máquinas se impõe à subjetividade do trabalhador.

Na grande indústria, o trabalhador perde a antiga subjetividade que ainda possuía nas corporações de ofício medievais e nas manufaturas da fase infantil do capitalismo. A antiga subordinação formal do trabalhador ao capital torna-se, com a grande indústria, uma subordinação real. Com o domínio das máquinas, o processo de trabalho deixa de ser um momento de criatividade subjetiva, passando a ser um processo meramente objetivo, no qual quem atua (MARX, 1983, II, p. 18), quem se apodera (MARX, 1983, II, p. 16) da produção, são as

---

[26] Lá no capítulo IV foi dito: "A soma dos meios de subsistência necessários à produção da força de trabalho inclui (...) os meios de subsistência dos substitutos, isto é, dos filhos dos trabalhadores, de modo que essa *race* de peculiares possuidores de mercadorias se perpetue no mercado de mercadorias". (MARX, 1983, I, 142) Aqui no capítulo XIII, estamos vendo que a introdução da maquinaria em larga escala alterou esta situação, reduzindo de maneira permanente e definitiva o valor da força de trabalho masculina adulta.

máquinas, cujos "movimento e atividade se autonomizam em face do operário", (MARX, 1983, II, p. 29) produzindo, inclusive, máquinas por meio de máquinas. (MARX, 1983, II, p. 16) O trabalho morto (ou os meios de produção), ao assumir a roupagem de capital, domina o trabalho vivo. O passado domina o presente[27]. O capital, descrito abstratamente no capítulo IV como um "sujeito automático", (MARX, 1983, I, p. 130) ganha, aqui no capítulo XIII, maior determinação, na figura de seu representante real, o sistema de máquinas, que, junto com toda a família operária, se tornam os personagens centrais desse capítulo. As máquinas são verdadeiros "monstros (...) cujos corpos enchem prédios fabris inteiros e cuja força demoníaca (...) irrompe no turbilhão febril de seus inúmeros órgãos de trabalho". (MARX, 1983, II, p. 14) Se o capital já tinha encontrado no capitalista seu representante subjetivo, dotado de vontade e consciência (MARX, 1983, I, 129 e II, p. 172), encontra agora no sistema de máquinas um representante objetivo, que "constitui, em si e por si, um grande autômato". (MARX, 1983, II, p. 13 e 40) Na fábrica, "o próprio autômato é o sujeito e os operários são apenas órgãos conscientes". (MARX, 1983, II, p. 40)

Vimos no capítulo VIII o capital sendo identificado como um vampiro que quanto mais sangue da classe trabalhadora sugava, mais sangue queria sugar. (MARX, 1983, I, p. 189) Aqui, no capítulo XIII, é a máquina quem assume esse papel, ao se confrontar com o trabalhador enquanto capital, como "trabalho morto que domina e suga a força de trabalho viva". (MARX, 1983, II, p. 44) As máquinas assumem concretamente este papel demoníaco no drama chamado *O capital*, que, como podemos ver, é o drama da vida de qualquer trabalhador assalariado enquanto persistir o capitalismo.

Por ser obrigado a se submeter ao capital, o trabalhador assalariado é dominado por todas as formas de manifestação do capital. As máquinas são uma dessas formas. As máquinas são esse monstro mecânico

---

27 Alusão feita a um trecho do *Manifesto Comunista*. MARX, K.; ENGELS, F. *Manifesto comunista*. São Paulo: Boitempo, p. 53.

que passa a dominar não apenas o operário masculino adulto, mas toda a família operária, um monstro movido pelo "impulso da batida cardíaca do primeiro motor comum". (MARX, 1983, II, p. 12)

O domínio da consciência do trabalhador é aqui muito mais profundo do que o domínio provocado pelo fetichismo da mercadoria exposto no capítulo I d'*O capital.* Nos três primeiros capítulos da Seção I desse Livro I, um produtor indeterminado precisava produzir uma mercadoria e trocá-la para conseguir os meios de subsistência indispensáveis à sua sobrevivência. Aqui no capítulo XIII, aquele produtor abstrato, depois de ter se tornado trabalhador assalariado, somente consegue garantir a sua sobrevivência imediata após vender a sua força de trabalho ao capitalista e ser, junto com toda a sua família, explorado durante o processo de produção, depois de ser esfolado pelas máquinas vestidas de capital.

Como se vê, as contradições entre o capital e a classe trabalhadora assalariada se aprofundam. Movido pela ânsia de se apropriar de quantidades crescentes de trabalho alheio não pago, o capital utiliza até o limite máximo a potencialidade corpórea do trabalhador, seja pela extensão da jornada, seja pela intensidade do trabalho, se chocando, assim, permanentemente "com certas limitações naturais de seus auxiliares humanos: sua fraqueza corpórea e sua vontade própria". (MARX, 1983, II, p. 29)

Uma vez que a fraqueza corpórea é limitada por natureza, resta ao capital tentar superar a outra limitação do trabalhador: a sua vontade própria. Isso faz com que o capital prefira uma classe trabalhadora o mais ignorante possível, como afirma seu célebre representante, o fabricante de vidros Geddes: "o maior montante de educação que uma parte da classe trabalhadora usufruiu nos últimos anos é um mal. É perigoso porque os torna independentes demais". (MARX, 1983, II, p. 28, nota 141) Para evitar o aumento da independência da classe trabalhadora, a classe capitalista transforma a chamada "educação" num mero adestramento dos trabalhadores, cujo objetivo é torná-los aptos ao manuseio simples, rotineiro e enfadonho das máquinas.

Através da maquinaria, o capital arranca a relativa e já reduzida independência que os artesãos medievais ainda possuíam, baseada em sua habilidade artesanal. Assim, o capital vence mais um *round* da luta de classes. Através do sistema de máquinas, o capital conseguiu fragmentar a classe operária, antes reunida na manufatura. Marx (1983, II, p. 42) comenta que na grande indústria os operários se relacionam apenas em pequenos grupos, que se organizam em torno de cada máquina ou grupo de máquinas, ao contrário dos processos de trabalho mais rudimentares, como aquele dos operários da construção civil exposto no capítulo XI, quando transportavam lado a lado os tijolos do pé até o alto do andaime. Ao se aglomerar, encontravam melhores condições para se organizar. No sistema de máquinas, a cooperação não é feita entre trabalhadores. Aqui, a cooperação é feita entre máquinas, uma fornecendo "à máquina seguinte mais próxima a sua matéria-prima (...) Ao invés da mão humana, o próprio mecanismo leva a matéria-prima de uma para outra fase da produção", num processo combinado e contínuo. (MARX, 1983, II, p. 13) Nas palavras do Dr. Ure, os operários tornaram-se súditos das máquinas. (MARX, 1983, II, p. 41) Mais do que somente um autômato, a fábrica torna-se um autocrata. (MARX, 1983, II, p. 40) Os operários parecem ter se tornado totalmente submetidos à ditadura da fábrica.

No entanto, nenhuma autocracia, por mais ferrenha que seja, é capaz de eliminar as contradições de classe. No máximo, consegue sufocá-las temporariamente. As demissões em massa são um dos sinais destas explosivas contradições. De um lado, os capitalistas festejam a "economia de braços", como esse feliz fabricante de Manchester citado por Marx (1983, II, p. 51): "devido à nova maquinaria avaliamos em 1/3 a economia feita em braços e salários". Outro capitalista o acompanha na festa: "por meio do movimento mais acelerado e da adoção de diversos processos automatizados, foi afastado 1/4 do pessoal de trabalho de um departamento e mais da metade em outro". (MARX, 1983, II, p. 50)

Mas, do outro lado, como vimos no capítulo VIII, a classe trabalhadora é capaz de reagir: faz greve, resiste. Diante da reação da classe trabalhadora, a classe capitalista utiliza a maquinaria como "a arma mais poderosa para reprimir as periódicas revoltas operárias, greves, etc., contra a autocracia do capital". (MARX, 1983, II, p. 51) Servindo como uma arma nas mãos dos capitalistas, a maquinaria é o "concorrente mais poderoso e sempre pronto a tornar o trabalhador assalariado 'supérfluo'. Aberta e tendencialmente, o capital a proclama e a maneja como uma potência hostil ao trabalhador". (MARX, 1983, II, p. 51)

O Dr. Ure, que, para Marx (1983, II, p. 53), é a expressão clássica do espírito fabril, confirma o papel desempenhado pela maquinaria no capitalismo: a utilização da ciência pelo capital, diz nosso parcial doutor, tem como objetivo "compelir à docilidade o braço rebelde do trabalho". Para Marx, a utilização da maquinaria como uma "potência hostil" ao trabalhador é um princípio inseparável da grande indústria capitalista. Nesse sentido, Marx comenta (1983, II, p. 52): "poder-se-ia escrever toda uma história dos inventos que, a partir de 1830, surgiram apenas como armas do capital contra motins de operários".

Se as máquinas cumprem o papel de armas, as fábricas podem ser comparadas a quartéis. Na fábrica, diz Marx (1983, II, p. 66), os supervisores do trabalho agem como *suboficiais* da indústria, que submetem os trabalhadores manuais, os *recrutas*, os *soldados rasos* da indústria, a uma disciplina de caserna, (MARX, 1983, II, p. 44) um *exército* sempre pronto a ser mobilizado. (MARX, 1983, II, p. 78-79) Na fábrica/quartel há uma tensão permanente diante da possibilidade do estouro de uma luta entre as classes. O supervisor maneja o manual de penalidades baseado no código fabril, muito parecido com o código penal militar. Esse código fabril, continua Marx (1983, II, p. 44), ironicamente, é "totalmente distante do amado sistema representativo e da divisão dos poderes" característicos da sociedade burguesa. Ao contrário de uma sociedade democrática, na fábrica não há qualquer resquício de liberdade ou de igualdade. O que impera aqui, diz Marx (1983, II, p. 44), é a "lei privada e a autoridade própria (do capital), sua autocracia sobre seus trabalhadores".

Marx (1983, II, p. 45) cita um trecho de uma obra de Engels, quando este afirma que na fábrica "o sino despótico arranca (o trabalhador) da cama, do desjejum e do almoço (...) Aí o fabricante é legislador absoluto. Baixa regulamentos fabris conforme lhe apetece; modifica seu código e lhe faz acréscimos como lhe agrada". Na voz do socialista utópico Fourier, as fábricas são identificadas não como quarteis, mas como prisões brandas. O que existe dentro delas é uma batalha contra condições totalmente subumanas: temperatura artificialmente elevada[28], atmosfera impregnada de resíduos de matéria-prima, ruído ensurdecedor etc., para não falar do perigo de vida sempre presente nessa verdadeira "batalha industrial". (MARX, 1983, II, p. 45)

Mas se o sistema de máquinas foi lançado inicialmente com o advento da grande indústria, o mesmo não se pode dizer dos baixos salários e das prolongadas jornadas de trabalho. Isso é um pressuposto do capitalismo que o acompanha desde a sua origem e o acompanhará até a sua morte. Desde o nascimento do capitalismo, quando este ainda se baseava no trabalho domiciliar ou manufatureiro, "a grande produção de mais-valia, bem como, ao mesmo tempo, o progressivo barateamento de seus artigos, era devida, sobretudo, ao mínimo de salário necessário para vegetar miseravelmente, somado ao máximo de tempo de trabalho humanamente possível". (MARX, 1983, II, p. 79) O que a grande indústria traz como sua exclusividade é o elevadíssimo ritmo de trabalho do qual o operário não consegue escapar. Quem não for capaz de acompanhar o ritmo da máquina é excluído do processo de trabalho, é sumariamente demitido. Desse modo, a aplicação capitalista da maquinaria em larga escala aprofunda o processo originário que transforma "sangue e suor humanos em

[28] Foi impossível deixar de lembrar de uma conversa que tive em 2010 com um jovem operário de uma fábrica de Osasco, na região metropolitana da capital paulista. O jovem de cerca de 20 anos relatou que perdeu todos os pelos das pernas devido à exposição continuada ao calor extremo produzido pela fornalha sobre a qual ele desperdiçava 1/3 de sua vida.

mercadorias", (MARX, 1983, II, p. 79) através da redução dos salários, que corre ao lado das demissões em massa, estas estimulando aquela.

Assim como havia dado a voz aos comitês de greve dos operários da construção civil de Londres no capítulo VIII, aqui no capítulo XIII, Marx dá a voz a outra categoria de operários, os sapateiros de Leicester recém-demitidos. Depois de serem substituídos pelas máquinas, os sapateiros enviam uma proclamação às Associações Comerciais da Inglaterra, onde afirmam: "por meio da introdução do rebitamento no lugar da costura (...) muitas firmas só pagam agora metade do salário original. E mesmo assim, apesar de os salários caírem mais e mais, os lucros parecem crescer com cada alteração na escala dos salários", um verdadeiro "roubo direto dos meios de subsistência mais necessários ao trabalhador". (MARX, 1983, II, p. 66) A reclamação dos sapateiros é confirmada pelo relatório do comissário F. D. Longe, que diz: "de fato, no caso de muitas espécies de fita, (...) a redução de 30 a 40% dos salários (...) não foi acompanhada por nenhuma redução do preço do artigo". (MARX, 1983, II, p. 66) As contradições de classes se aprofundam: aumentam o ritmo de trabalho e as demissões, enquanto os salários despencam.

Para se defender das demissões em massa, a classe operária lutou de maneira ferrenha pela garantia do emprego desde o início da introdução da maquinaria. O abade italiano Lancellotti conta que, no ano de 1629, as revoltas dos tecelões de galões de Leyden obrigaram os magistrados a proibir a utilização de uma máquina muito engenhosa, que fabricava de quatro a seis tecidos ao mesmo tempo. A máquina somente foi empregada, sob certas condições, passados mais de 30 anos, em 1661. (MARX, 1983, II, p. 47, nota 194) A revolta da classe operária contra a maquinaria continuou por mais de um século. "Quando, em 1758, Everet construiu a primeira máquina de tosquiar lã movida a água, ela foi queimada por 100 mil pessoas que deixou sem trabalho". (MARX, 1983, II, p. 47) A radicalizada luta dos trabalhadores para manter os seus empregos não parou aí. No início do século XIX, um movimento operário chamado "luddita" ou "ludistas"[29] destruiu as máquinas dos distritos manufatureiros ingleses. (MARX, 1983, II, p. 47)

Marx observa que foi preciso tempo e experiência até que o trabalhador distinguisse a maquinaria de sua aplicação capitalista e, daí, aprendesse a "transferir seus ataques do próprio meio de produção para sua forma social de exploração". (MARX, 1983, II, p. 47) O problema exposto aqui não é o desenvolvimento tecnológico e sua aplicação na produção, mas sua utilização na forma de capital, como meio de explorar trabalho alheio não pago de uma classe para enriquecer a outra.

A seguir, Marx (1983, II, p. 48) faz uma afirmação surpreendente. Diz que "a autovalorização do capital por meio da máquina está na razão direta do número de trabalhadores cujas condições de existência ela destrói". Em outras palavras, a utilização da tecnologia no capitalismo só acontece ao destruir as condições de vida dos trabalhadores. Marx (1983, II, p. 49) cita um comentário do Comitê de Emigração de Londres feito em 1834, que testemunha as consequências da introdução da maquinaria nas condições de vida dos trabalhadores: "Eles foram rebaixados de artesãos respeitáveis e em certo grau independentes a miseráveis rastejantes que comem o pão degradante da caridade". Marx (1983, II, p. 79) continua descrevendo o drama da classe trabalhadora: a concorrência irresistível dos trabalhadores com as máquinas elimina os mais débeis, levando muitos à morte por inanição, enquanto a ocupação daqueles que continuam trabalhando é nociva à saúde devido à elevadíssima duração do processo de trabalho. No capitalismo, o trabalhador está constantemente ameaçado de ter "arrancado da mão, com o meio de trabalho, o meio de subsistência, e torná-lo, com sua função parcelar, supérfluo". (MARX, 1983, II,

---

[29] O nome do movimento foi uma homenagem a Ned Ludd, uma personagem fictícia na figura de um aprendiz de Anstey, em Leicestershire, na Inglaterra. Avesso ao regime de trabalho nas máquinas de tecelagem, Ludd foi condenado a chicotadas, sob a alegação de não demonstrar empenho. Em resposta, Ludd destruiu com um martelo a máquina em que trabalhava.

p. 115) Com isso, continua Marx (1983, II, p. 89): "desencadeia-se um ritual ininterrupto de sacrifício da classe trabalhadora, o mais desmesurado desperdício de forças de trabalho e as devastações da anarquia social". Marx cita uma passagem de Shakespeare que diz muito sobre o desemprego: "tirais minha vida, quando tirais os meios de que vivo".[30] O desemprego representa uma violência mortal contra a classe trabalhadora.

Não são somente os trabalhadores demitidos que têm suas condições de vida degradadas. A maquinaria exige menor qualificação dos trabalhadores, conforme comentou em 1867 o Sr. Sturrock, superintendente do departamento de máquinas da GreatNorthern Railway: "trabalhadores ingleses caros estão sendo menos usados a cada dia. A produção está sendo incrementada mediante o uso de instrumentos aperfeiçoados e esses instrumentos são, por sua vez, manejados por uma classe baixa de trabalhadores". (MARX, 1983, II, p. 50, nota 202) O mesmo afirma nosso conhecido Dr. Ure: "a grande vantagem da maquinaria utilizada para queimar tijolos consiste em tornar o empregador inteiramente independente de trabalhadores qualificados". (MARX, 1983, II, p. 50, nota 202) Nasmyth, o inventor do martelo a vapor, comenta nessa mesma direção: "já está posta de lado toda a classe de trabalhadores que depende exclusivamente de sua própria habilidade". (MARX, 1983, II, p. 52) Ou seja, a grande indústria deprecia e desperdiça a habilidade dos trabalhadores desenvolvida durante séculos e apropriada pelo artesão medieval. "A divisão do trabalho unilateraliza essa força de trabalho em uma habilidade inteiramente particularizada de manejar uma ferramenta parcial". (MARX, 1983, II, p. 48) A desqualificação do trabalhador mediante a introdução da maquinaria em larga escala também é confirmada pelo superintendente Sturrock: "Antes, o trabalho qualificado produzia necessariamente todas as partes da máquina a vapor. Agora, as mesmas partes são produzidas por trabalho menos

[30] Shakespeare, W. *O mercador de Veneza.* Ato IV. Cena I. (Apud MARX, 1983, II, 89)

qualificado, mas com bons instrumentos". (MARX, 1983, II, p. 50, nota 202)

Além do embrutecimento do trabalhador provocado pelo trabalho repetitivo exigido pelas máquinas, as longas jornadas roubam-lhe tempo livre, que poderia ser usado para desenvolver suas potencialidades. Afinal, a maquinaria, que em outro modo de produção não baseado na valorização do valor poderia ser utilizada para reduzir a jornada de trabalho, no capitalismo cumpre um papel contrário, pois, como diz Marx, o capitalista é impelido a buscar "o prolongamento mais violento da jornada de trabalho para compensar a redução do número relativo de trabalhadores explorados (...)". (MARX, 1983, II, p. 31)

Enquanto aqueles que continuam trabalhando são obrigados a enfrentar jornadas mais longas e mais intensas, sendo "atrofiados pela divisão do trabalho" que lhes roubou a habilidade, os trabalhadores substituídos pelas máquinas são jogados "no olho da rua" e, como diz Marx, "esses pobres diabos têm tão pouco valor fora de seu velho círculo de atividade que só conseguem acesso a alguns poucos ramos inferiores de trabalho, portanto, ramos constantemente saturados e sub-remunerados". (MARX, 1983, II, p. 56) Dito de outra forma: "Assim que o manejo da ferramenta passa à máquina, extingue-se, com o valor de uso, o valor de troca da força de trabalho. O trabalhador torna-se invendável, como papel-moeda posto fora de circulação". (MARX, 1983, II, p. 48)[31]

Mas, como vimos, não se trata de combater a maquinaria em si, como faziam os ludditas, mas sua utilização capitalista, "já que, considerada em si, a maquinaria encurta o tempo de trabalho, enquanto que, utilizada como capital, aumenta a jornada de trabalho; em si, a

[31] Um exemplo atual desse desperdício da qualificação do trabalhador são aqueles que se submetem às plataformas virtuais de transporte de passageiros, como a Uber, entre outras. Não é raro encontrarmos profissionais com curso superior sendo obrigados a cumprir jornadas diárias de mais de dez horas, num trabalho braçal, desperdiçando o potencial de sua força de trabalho qualificada.

maquinaria facilita o trabalho, mas utilizada como capital aumenta sua intensidade; em si, é uma vitória do homem sobre a força da Natureza, utilizada como capital submete o homem por meio da força da Natureza; em si, aumenta a riqueza do produtor, utilizada como capital o pauperiza, etc". (MARX, 1983, II, p. 56)

O papel do emprego da maquinaria em larga escala no capitalismo mostra-se extremamente contraditório. Se, por um lado, a máquina "revoluciona de forma contínua a base técnica da produção (sendo, por isso) revolucionária", por outro, ela "elimina toda tranquilidade, solidez e segurança na situação de vida do trabalhador (...)". (MARX, 1983, II, p. 89) Quando passa a dominar totalmente as "formas antiquadas de produção", (MARX, 1983, II, p. 100) como a manufatura, o artesanato e o trabalho doméstico, a grande indústria substitui as formas disfarçadas de domínio do capital por uma forma de dominação "direta, indisfarçada", generalizando, com isso, "a luta direta contra essa dominação". Ao estimular o acirramento das contradições entre as classes, a grande indústria amadurece, "ao mesmo tempo, os elementos constitutivos de uma nova [sociedade] e os momentos revolucionadores da velha". (MARX, 1983, II, p. 100) Essas contradições revolucionárias são impulsionadas pela contradição central, a de que "a produção capitalista só desenvolve a técnica e a combinação do processo de produção social ao minar simultaneamente as fontes de toda a riqueza: a terra e o trabalhador". (MARX, 1983, II, p. 102) Diante da degradação das condições naturais, fenômeno que, no século XXI, tornou-se, infelizmente, uma realidade indiscutível, não é nada surpreendente que o elemento ativo das forças produtivas, o trabalhador, se insurja, aguçando a luta de classes, luta que expressa as contradições entre o desenvolvimento das forças produtivas e as relações de produção capitalistas, que o bloqueiam.

Os personagens do capítulo XIII são, por um lado, as máquinas vestidas com a roupagem do capital, que submetem o outro personagem, a classe operária, agora composta por toda a família operária. Os comitês de greve, que no capítulo VIII eram formados por operários masculinos adultos, aqui recebem a adesão das mulheres e das crianças. Uma parcela cada vez maior da classe operária ingressa no turbilhão da luta de classes. Homens, mulheres e crianças, todos juntos na luta para se defender dos ataques vampirescos do capital.

Ao encerrar o capítulo XIII e toda a Seção IV, Marx mostra a inevitabilidade da luta de classes, que tende a se acirrar ainda mais nos próximos capítulos. Na próxima seção, a Seção V, composta pelos capítulos XIV, XV e XVI, Marx vai relacionar as duas formas, a mais-valia absoluta e a mais-valia relativa. Apesar de extremamente curtos (cada capítulo tem menos de dez páginas), veremos aqui grandes revelações.

O TRABALHADOR PRODUTIVO GANHA DESTAQUE

No capítulo XIV ocorre mais um importante momento negativo, momento no qual Marx inclui uma nova e importante determinação na análise. Aqui é realizada a superação de uma afirmação feita no capítulo V: "o processo de trabalho foi considerado primeiramente em abstrato (ver capítulo V), independente de suas formas históricas, como processo entre homem e Natureza". (MARX, 1983, II, p. 105) E continua Marx, citando aqui no capítulo XIV um trecho daquele capítulo V: "Disse-se aí: 'Considerando-se o processo inteiro de trabalho do ponto de vista de seu resultado, então aparecem ambos, meio e objeto de trabalho, como meios de produção, e o trabalho mesmo como trabalho produtivo'". (MARX, 1983, II, p. 105) No capítulo V, qualquer trabalho *aparecia* como trabalho produtivo, pois qualquer trabalho produzia algum resultado. Aqui no capítulo XIV, isso passa a ser considerado uma *aparência ilusória.* Marx cita, então, a nota de rodapé do próprio capítulo V, na qual ele já advertia, antecipando a posterior superação que faria aqui no capítulo XIV. Naquela nota do capítulo V, Marx (1983, II, p. 105) alertava: "Essa determinação de trabalho produtivo, tal como resulta do ponto de vista do processo simples de trabalho, não basta, de modo algum, para o processo de produção capitalista". Depois de citar esses trechos do capítulo V, Marx se propõe a aprofundar essa questão aqui no capítulo XIV: "Isso é para ser mais desenvolvido aqui", afirma ele.

Daqui em diante a classe trabalhadora ganhará uma nova determinação. Ela será dividida entre trabalhadores produtivos e improdutivos. No capitalismo o trabalho produtivo não é determinado por aquilo que produz, ou pelo "seu resultado", ou, o que é o mesmo, pelo efeito útil do produto, mas por algo mais profundo, algo oculto, invisível a olho nu. No capitalismo, o trabalho produtivo é determinado pela *relação social* que se estabelece entre o comprador e o vendedor da força de trabalho. Se este último vender a força de trabalho para uma empresa capitalista, ele será um trabalhador produtivo. Se, ao contrário, o trabalhador assalariado vender a sua força de trabalho a alguém que não está na condição de capitalista, este trabalhador será considerado improdutivo. Um exemplo é o trabalhador do Estado. Seu trabalho excedente não assume a forma de mais-valia, mas de um fundo social. Nesse caso, não há aqui a *apropriação privada* do valor excedente produzido pelo trabalhador assalariado, mas uma *apropriação social*, feita por um ente público e não privado. Os trabalhadores do Estado, os chamados funcionários públicos, são, portanto, improdutivos, apesar de serem também assalariados.

Além da diferença entre o trabalhador de empresa privada e o trabalhador do Estado, há outras diferenciações entre trabalhador produtivo e improdutivo. Um professor, ao ministrar uma aula, transfere conhecimento e, assim, está produzindo algo útil. Mas, diz Marx (1983, II, p. 106), ele só "é um trabalhador produtivo se não apenas trabalha as cabeças das crianças, mas extenua a si mesmo para enriquecer o empresário", que, nesse caso, é o proprietário de uma escola ou uma universidade privada. Se alguém contratasse esse mesmo professor para aulas particulares, o professor não estaria "enriquecendo o empresário", o que o transformaria, nessa relação social específica, num trabalhador improdutivo, mesmo que o conteúdo da aula, ou seja, o valor de uso desse serviço que ele presta, fosse o mesmo daquele dado na sala de aula da empresa privada. Na aula particular o professor não estaria mais vendendo a sua mercadoria *força de trabalho* a um capitalista, mas vendendo o produto de seu *trabalho* diretamente ao consumidor, seu aluno. Se fossem vários alunos que o contratassem para ministrar uma aula particular, o professor continuaria sendo um trabalhador improdutivo. O dinheiro pago ao professor não se transformaria em capital nas mãos do professor, pois ele não pode ser capitalista dele próprio. Da mesma maneira, o dinheiro não foi gasto como capital. Nesse caso, o professor não produziria uma mais-valia e o(s) comprador(es) não assumiria(m) o papel de capitalista(s).[32]

Totalmente diferente é a relação que o professor estabelece com o proprietário de uma escola ou de uma universidade privadas. Estas, enquanto proprietárias dos meios de produção, dispendem o dinheiro do salário do professor como capital, com o obejtivo de se apropriar da mais-valia por ele produzida. O serviço de ensinar torna-se apenas um meio de valorizar o valor, valorizar o capital das instituições de ensino privadas.

Como se vê, o que diferencia trabalhadores produtivos de improdutivos não é a categoria profissional, não é o que se produz, mas sob que *relação social* se produz. Nesse sentido, diz Marx (1983, II, p. 105), de maneira precisa: "Apenas é produtivo o trabalhador que produz mais-valia para o capitalista ou serve à autovalorização do capital". Mas por que razão é a relação social entre comprador e vendedor que determina se o trabalhador será ou não considerado produtivo? Porque, diz Marx (1983, II, p. 105), "a produção capitalista não é apenas produção de mercadoria, é essencialmente produção de mais-valia". O objetivo da produção capitalista não é somente produzir algo útil para outros, mas produzir algo útil para outros que

[32] No Livro IV d'*O capital,* Marx (1987, I, p. 140) retoma este problema dando como exemplo o trabalhador autônomo: "Por exemplo, o trabalhador de um fabricante de piano é um trabalhador produtivo. Seu trabalho, além de substituir o salário que consome, proporciona valor excedente acima do valor do salário no produto, no piano, a mercadoria que o fabricante vende. Se, ao invés disso, compro todo o material necessário para fabricar um piano (ou digamos que o próprio trabalhador o possua) e, ao invés de comprar o piano na loja, mando fazê-lo em casa, nesse caso, quem faz o piano é trabalhador improdutivo, pois seu trabalho se troca diretamente por minha renda".

contenha mais-valia a ser apropriada por uma empresa capitalista. O trabalhador produtivo produz para o capital. O improdutivo não.

Como todo o momento negativo contido em *O capital,* há aqui a concretização da análise, superando a afirmação abstrata feita no capítulo V. Lá, qualquer trabalho que produzisse valor de uso seria considerado produtivo. Aqui no capítulo XIV, essa abstração é superada. Aqui fica claro que apenas é produtivo aquele trabalhador assalariado que "enriquece o capitalista".

Qual seria o personagem central do capítulo XIV? Tudo indica que é o trabalhador produtivo, o trabalhador assalariado que produz mais-valia a ser apropriada pelo capital, que cumpre um papel decisivo no processo de valorização do valor quando comparado com o trabalhador autônomo ou com o trabalhador assalariado que trabalha para o Estado.

Essa hipótese fica ainda mais provável quando lembramos o papel que o personagem do capítulo VII assumiu. O funcionário público Leonard Horner, na condição de inspetor de fábrica, foi homenageado por Marx ao apoiar a classe operária no interior das fábricas. Marx estaria indicando que o papel central dos funcionários públicos não é o de se organizarem como categoria para lutar contra o seu patrão, o Estado burguês. Esta parece não ser a atuação central dos funcionários públicos, segundo Marx. Seu principal papel é apoiar os operários na sua luta direta contra o capital. Por quê? O enigma se esclarece aqui no capítulo XIV: os funcionários públicos são trabalhadores improdutivos, enquanto os operários são produtivos. Os primeiros não produzem mais-valia, uma vez que o Estado burguês não é um capitalista, mas um representante da classe capitalista ou de setores dessa classe. Para ser produtivo, o trabalhador precisa "produzir mais-valia para o capitalista". Portanto, Marx parece indicar que a luta contra o Estado burguês possui um papel secundário em relação à luta direta contra o capital, feita no interior dos locais de trabalho de empresas capitalistas.

Agora, fica mais clara a razão de Marx ter diferenciado a classe operária dos demais trabalhadores nos capítulos V (fiandeiro),

VII (Horner e operários), VIII e XI (operários da construção civil), XII (agulheiros) e XIII (família operária). Aqui no capítulo XIV se revela que a classe operária ganha destaque nesses capítulos pelo fato de corresponder a um setor de trabalhadores produtivos, por serem explorados diretamente pelo capital. Fica claro também o que levou o inspetor de fábrica Leonard Horner do capítulo VII a não atuar para organizar a sua própria categoria profissional, mas agir em apoio à classe operária. Essa atitude do inspetor de fábrica se justifica porque, como funcionário público, ele é um trabalhador improdutivo, enquanto a classe operária é produtiva.

A representação gráfica feita no capítulo VIII ganha agora novas determinações, podendo ser expressa da seguinte maneira:

Figura 9: Representação gráfica de alguns setores da classe trabalhadora baseada no Livro I d'*O capital*. (Elaboração própria)

A questão, então, passa a ser a seguinte: que fatores interferem no aumento ou na diminuição da produção da mais-valia produzida pelos trabalhadores produtivos e apropriada pelas empresas capitalistas?

RELAÇÃO ENTRE AS DIFERENTES FORMAS DE AUMENTAR A MAIS-VALIA

No capítulo XV, Marx recoloca os três fatores que condicionam as diferentes proporções entre o salário e a mais-valia. Os elementos são os seguintes: 1) a extensão da jornada de trabalho (capítulo VIII); 2) a intensidade do trabalho (capítulo XII); e 3) a força produtiva ou a produtividade do trabalho (capítulo XIII). Marx vai analisar algumas combinações desses três elementos ligados ao grau de exploração da força de trabalho a fim de examinar sua influência no aumento da mais-valia. Considerando o pressuposto de que as mercadorias sejam compradas e vendidas pelo seu valor e, por isso, o preço da força de trabalho (salário) não possa cair abaixo de seu valor, Marx analisará as possíveis oscilações nesses três elementos que interferem na magnitude da mais-valia.

Como vimos, a elevação da produtividade do trabalho faz diminuir o valor da força de trabalho, e com ele, o salário, mantidas constantes as demais circunstâncias. Isso fará aumentar a mais-valia, sem diminuir o consumo da massa de meios de subsistência por parte do trabalhador, ou, o que é o mesmo, sem degradar as condições de vida do trabalhador. O que diminuirá é o valor dos meios de subsistência dos trabalhadores, contribuindo, assim, para a redução do valor da força de trabalho e o consequente aumento da mais-valia. Dependendo "do peso relativo que a pressão do capital, por um lado, e a resistência do trabalhador, por outro, jogarem no prato da balança", (MARX, 1983, II, p. 115) pode ocorrer que o salário não caia tanto quanto o valor da força de trabalho, o que significa que os trabalhadores poderiam, devido à sua luta, ter acesso a uma massa de meios de subsistência maior do que antes da aplicação da nova tecnologia, o que representaria uma melhoria nas suas condições de vida. No entanto, Marx adverte que, mesmo que o salário ou o preço da força de trabalho não caia tanto quanto o seu valor, o simples decréscimo do valor da força de trabalho provoca o aumento da mais-valia e, por isso, mesmo quando melhoram as condições de vida do trabalhador, a tendência é "ampliar-se o abismo entre as condições de vida do trabalhador e as do capitalista". (MARX, 1983, II, p. 116) Ou seja, as condições de vida do trabalhador podem melhorar, mas as condições do capitalista melhoram muito mais, ocasionando uma maior concentração de riqueza nas mãos dos capitalistas. Isso significa que, mesmo que eventualmente a classe trabalhadora possa se beneficiar do desenvolvimento tecnológico, quem sempre se beneficia mais com ele é a classe capitalista.[33]

A segunda combinação suposta por Marx é a variação da intensidade do trabalho, enquanto a jornada de trabalho e a força produtiva do trabalho permanecem constantes. Nessas condições, mesmo que aumente o salário, este pode cair abaixo de seu valor, caso "o aumento do salário não compense o desgaste acelerado" da força de trabalho. Ou seja, o salário atual pode até aumentar, mas o desgaste excessivo provocado pelo aumento da intensidade do trabalho pode encurtar a vida útil do trabalhador. Ao abreviar a sua vida útil, abortam-se seus ganhos.

A terceira hipótese levantada por Marx é a variação na jornada de trabalho. No capitalismo, diz Marx, a redução da jornada é sempre precedida ou seguida do aumento da intensidade e da produtividade do trabalho. Ou seja, no capitalismo, não tem sossego para o

---

[33] Marx reconhece que David Ricardo foi o primeiro a formular essas leis, embora os limites das concepções desse autor não o tenham livrado, conforme veremos, da crítica de Marx. (Marx, 1983, II, p. 116)

trabalhador assalariado. Mesmo a redução da jornada não representa grande alívio na sua duríssima labuta diária.

A quarta e última combinação sugerida por Marx é que as três circunstâncias variem: a duração, a intensidade da jornada e a força produtiva do trabalho. Curiosamente, ocorre aqui algo raro em *O capital*: a suposição de uma sociedade futura, uma sociedade socialista. Marx observa que a supressão da forma de produção capitalista permitiria que parte do mais-trabalho, que no capitalismo assume a forma de mais-valia, se transformasse num fundo social de reserva e acumulação. A outra parte do mais-trabalho aumentaria a parte do trabalho que ficaria com o trabalhador, pois "as condições de vida do trabalhador tornar-se-iam mais ricas e suas exigências vitais maiores". (MARX, 1983, II, p. 120) O socialismo significaria, segundo Marx, a libertação das forças produtivas presas pelas relações de produção capitalistas, a começar pela possibilidade de desenvolver em alta medida a única força produtiva viva, a força de trabalho.

Nesse sentido, no socialismo, "quanto mais cresce a força produtiva do trabalho, tanto mais pode ser reduzida a jornada de trabalho", (MARX, 1983, II, p. 120) porque lá as máquinas não serão utilizadas como uma arma contra os trabalhadores, mas como aliadas, como um instrumento para melhorar as condições de vida de todos através da redução da jornada de trabalho.

Marx faz, então, uma revelação surpreendente: "quanto mais é reduzida a jornada de trabalho, tanto mais pode crescer a intensidade do trabalho". (MARX, 1983, II, p. 120) Caso, numa sociedade socialista, a jornada seja reduzida de maneira generalizada em todo o mundo, a alguns minutos ou poucas horas diárias, o que é totalmente possível considerando que todos irão trabalhar, o trabalho pode ser mais intenso sem que cause a atrofia dos trabalhadores. No capitalismo, no entanto, as prolongadas jornadas de trabalho impedem o aumento da intensidade do trabalho acima de certos limites. Como se vê, mais uma vez o capitalismo bloqueia o desenvolvimento das forças produtivas ao limitar a intensidade do trabalho por prolongar demasiadamente a jornada.

Além disso, no socialismo, a produtividade do trabalho também tende a crescer por "evitar todo trabalho inútil", (MARX, 1983, II, p. 120) como aquele dedicado a produzir artigos supérfluos, além daquele destinado a "funções agora indispensáveis, mas em si e para si supérfluas", (MARX, 1983, II, p. 120) como a função dos chefes, gerentes e superintendentes, em suma, todo o trabalho de supervisão. Afinal, para que gastar trabalho com chefes se os trabalhadores estarão trabalhando para eles próprios, por utilizarem meios de produção não mais privados, mas apropriados socialmente? Para que, afinal, teria que haver chefes numa sociedade socialista?

Marx (1983, II, p. 120) encerra o capítulo XV mostrando a profunda irracionalidade que a produção da vida humana assumiu no capitalismo: "enquanto o modo de produção capitalista impõe economia em todo negócio individual, seu sistema anárquico da concorrência produz o mais desmesurado desperdício dos meios de produção sociais e das forças de trabalho (...)".

Depois de tantos percalços enfrentados até aqui pelos trabalhadores em sua luta para se defender dos ataques do capital, o final do capítulo XV, ao lançar a perspectiva de uma sociedade socialista, representa certo alento, uma forma de ganhar forças e inspiração para continuar lutando.

APÓS A INSPIRAÇÃO, O RETORNO À DIFÍCIL REALIDADE

No pequeno capítulo XVI, Marx (1983, II, p. 123) mostra que o lucro e a renda da terra ocultam a mais-valia, todos servindo para obscurecer a exploração do trabalhador pelo capitalista. Ao invés da exploração, "apresenta-se, em seu lugar, a falsa aparência de uma relação associativa na qual o trabalhador e o capitalista partilham o produto conforme a proporção de seus diferentes fatores constituintes". A figura a seguir pode ajudar a explicar a que Marx está referindo:

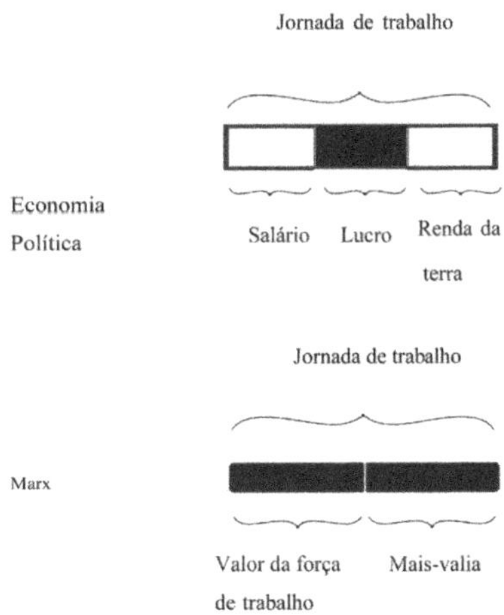

Figura 10: Diferenças na divisão do valor produzido entre as concepções da Economia Política e de Marx. (Elaboração própria)

A suposta relação associativa à qual Marx se refere como sendo uma falsa aparência de partilha do produto entre trabalhador e capitalista coincide com a terminologia empregada atualmente pelos representantes do capital, quando esses consideram o trabalhador um "colaborador" da empresa onde trabalha. Para Marx, não se trata de uma colaboração ou associação entre as classes, mas de uma exploração de uma classe por outra.

Marx (1983, II, p. 124) aprofunda, a seguir, o conceito de capital: "o capital é, portanto, não apenas comando sobre trabalho, como diz Adam Smith. Ele é essencialmente comando sobre trabalho alheio não-pago". Disso se deduz que o poder do capital se origina do tempo de vida do trabalhador assalariado, uma quantidade de trabalho apropriada sem pagamento. O poder da classe capitalista resulta do tempo de vida alheio não pago. O tempo de vida dos trabalhadores assalariados comandado pelo capital durante milhões de horas de trabalho apropriadas diariamente sem qualquer pagamento é o que lhe confere poder. Como a classe trabalhadora poderá, então, passar a comandar? Somente comandando o que lhe é tirado diariamente: o seu próprio tempo de vida. Como fazer isso? Sigamos a leitura d'*O capital*. Veremos que haverá mais adiante algumas indicações a esse respeito.

Com o fim do capítulo XVI termina a Seção V do Livro I, seção que tratou da relação entre as duas formas de mais-valia, a mais-valia absoluta e a relativa.

AGORA É A VEZ DO SALÁRIO

A Seção VI se inicia no capítulo XVII. Nesta seção, tratar-se-á sobre o salário, palavra que corresponde ao seu título. No capítulo XVII, Marx (1983, II, p. 130) mostra o papel que o salário cumpre na alienação da consciência do trabalhador assalariado: "a forma salário extingue todo vestígio da divisão da jornada de trabalho em trabalho necessário e mais-trabalho, em trabalho pago e trabalho não pago. Todo trabalho aparece como trabalho pago". O salário impede que o trabalhador saiba quanto tempo da jornada ele trabalha para si e quanto tempo trabalha de graça para o patrão. O capitalismo impede que o trabalhador assalariado controle aquilo que há de mais precioso para qualquer ser humano, o tempo de sua vida. Quanto tempo de sua vida cada trabalhador assalariado é obrigado a entregar de graça para o patrão? Quanto tempo de vida é arrancado de cada trabalhador assalariado e entregue gratuitamente aos proprietários dos meios de produção? Se um trabalhador recebe um salário de 1.500 ou 2.000 reais, seja lá a quantia que for, como saber em quanto tempo ele produz o valor equivalente a esse montande de dinheiro? O trabalhador assalariado, isoladamente, é incapaz de saber. O salário impede que ele descubra. Isso faz do capitalismo a forma mais sofisticada de exploração do trabalhador, quando comparado a outras formações sociais. O servo medieval, ao ser obrigado a trabalhar de graça para o senhor feudal em troca da utilização de uma gleba de terra, conseguia facilmente perceber que o trabalho realizado através da corveia correspondia a trabalho não pago (MARX, 1983, II, p. 130). Para o escravo greco-romano, a exploração também era perceptível. Por não levar em conta as despesas do senhor com sua subsistência, o escravo era levado a pensar que todo o seu trabalho era trabalho não pago. E continua Marx (1983, II, p. 130): "No trabalho assalariado, ao contrário, mesmo o mais-trabalho ou trabalho não pago aparece como trabalho pago. Ali (na escravidão), a relação de propriedade oculta o trabalho do escravo para si mesmo; aqui, a relação de dinheiro oculta o trabalho gratuito do assalariado". O fato de o trabalhador assalariado receber o pagamento de parte do seu trabalho em dinheiro oculta a sua exploração pelo capitalista. Nesse sentido, o salário passa a ter uma enorme importância na alienação da consciência do trabalhador assalariado. Assim diz Marx (1983, II, p. 130): "Sobre o salário, que torna invisível a verdadeira relação e mostra justamente o contrário dela, repousam todas as concepções jurídicas tanto do trabalhador como do capitalista, todas as mistificações do modo de produção capitalista, todas as suas ilusões de liberdade, todas as pequenas mentiras apologéticas da Economia vulgar".

De todas as mercadorias que o trabalhador se relaciona, dentre a infinidade de mercadorias que o trabalhador passa a vida comprando para conseguir sobreviver, nenhuma o enfeitiça mais do que a única mercadoria que lhe restou para vender: a sua própria força de trabalho. É nessa mercadoria especial que o fetichismo assume sua forma mais profunda. O salário ou, o que é o mesmo, o preço ou o valor de troca da força de trabalho, assim como o valor de troca de qualquer mercadoria, oculta o seu valor. Ao ocultar o valor da força de trabalho, o salário impede o trabalhador assalariado de perceber quanto ele trabalha para si e quanto ele trabalha para o patrão. Pode parecer que o salário por ele recebido corresponde ao valor produzido durante toda a jornada de trabalho. Como se vê, o salário é uma forma extremamente sofisticada de ocultar a existência da mais-valia, ocultando, consequentemente, a exploração de uma classe sobre a outra. A alienação da consciência do trabalhador assalariado é, em certa medida, produzida pelas próprias relações de produção. É nos momentos de compra e venda da força de trabalho (realização de seu valor) e sua utilização no processo de trabalho (realização de seu valor de uso) que ocorre a principal mistificação responsável por iludir o trabalhador assalariado. Nesse sentido, a alienação da consciência do trabalhador não é apenas o produto da ação consciente da burguesia para produzir uma ideologia, uma falsa consciência na classe trabalhadora, através, por exemplo, dos meios de comunicação de massa. A ideologia produzida conscientemente pela burguesia cumpre um papel na alienação dos trabalhadores, sem dúvida. Mas, através do salário, a alienação é produzida independentemente da ação consciente da classe capitalista. A alienação ganha aqui contornos muito mais profundos e obscuros, torna-se resultado de um processo objetivo, de uma relação social que ocorre "por trás das costas dos produtores", como disse Marx (1983, I, p. 72) no capítulo I: "não o sabem, mas o fazem". Apesar de se beneficiar desse feitiço, os próprios capitalistas são enfeitiçados. Nem eles têm plena consciência da origem da mais-valia. O lucro parece, tanto para os trabalhadores quanto para seus patrões, provir de uma taxa, um percentual definido por um ente transcendente chamado "mercado", um percentual acrescentado ao preço de custo do produto. E assim a vida segue. Todos enfeitiçados pela mercadoria força de trabalho e por seu valor de troca, o salário, assim como pelo ocultamento da mais-valia por ele provocado.

Qualquer que seja a forma na qual o salário for pago, ele sempre enfeitiçará o trabalhador. Nos próximos capítulos, Marx descreverá as duas maneiras que o salário pode se manifestar: o salário por tempo e o salário por peça. O capítulo XVIII tratará, inicialmente, do salário por tempo.

O SALÁRIO POR TEMPO

Marx passa a relacionar, então, dois elementos fundamentais que determinam a miséria de uma classe e a riqueza da outra. Os dois elementos são o salário e a jornada de trabalho. Se, por exemplo, o salário diário, semanal ou mensal continuar o mesmo e a jornada de trabalho aumentar, o preço da hora de trabalho diminuirá, aumentando o grau de exploração dos trabalhadores, conforme expresso na figura a seguir.

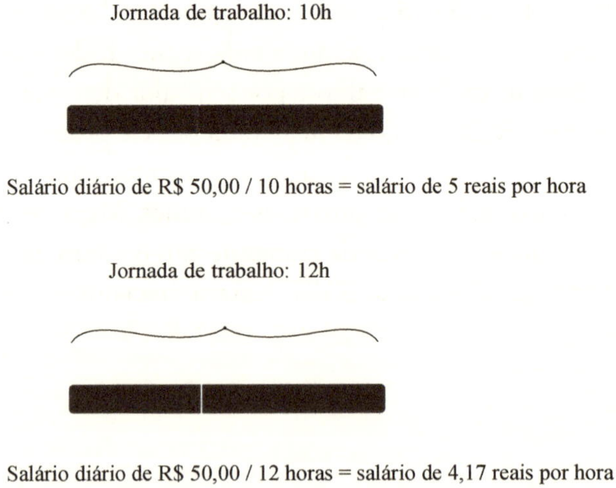

Figura 11: Relação entre salário diário, extensão da jornada de trabalho e salário por hora. (Elaboração própria)

A relação entre salário e jornada torna-se, assim, decisiva na partilha do valor entre os trabalhadores e os capitalistas, valor esse produzido pelos trabalhadores durante a jornada de trabalho. Essa contradição entre salário e jornada de trabalho torna-se bastante importante na relação entre as duas classes fundamentais do capitalismo, a classe capitalista e a classe trabalhadora.

Em seguida, Marx (1983, II, p. 135) trata dos efeitos nefastos que a redução da jornada com redução do salário provoca no trabalhador. O pagamento do trabalho na forma de salário por hora possibilita que o capitalista não se responsabilize pela sobrevivência do trabalhador, encargo que era assumido pelo senhor de escravos. O capitalista pode pagar "apenas as horas de trabalho durante as quais lhe agrade ocupar o trabalhador". É o que se convencionou chamar de "banco de horas".

O trabalhador pode ser dispensado momentaneamente do trabalho e ter que compensar essas horas quando o patrão decidir, assim como pode ser obrigado a realizar horas extras sem ganhar um salário adicional correspondente, ficando com créditos de horas no seu "banco de horas", a serem usufruídas pelo trabalhador quando o patrão decidir. Outras práticas muito comuns nas grandes empresas são o *day-off* (dia de folga) ou *lay-off* (suspensão temporária do contrato de trabalho). Nesses casos, o trabalhador tem seu salário reduzido. O tempo de vida do trabalhador fica totalmente à disposição do patrão. "O capitalista pode agora extrair determinado quantum de mais-trabalho do trabalhador sem conceder-lhe o tempo de trabalho necessário para o seu próprio sustento. Pode destruir toda a regularidade da ocupação e fazer, apenas em função de sua comodidade, arbítrio e interesse momentâneo, com que o mais monstruoso sobre-trabalho se alterne com desemprego relativo e absoluto". (MARX, 1983, II, p. 135) Fica mais claro porque Marx considera a classe capitalista um autocrata em suas empresas. Ali é a classe capitalista quem manda e a classe trabalhadora é obrigada a obedecer. Nesse sentido, conclui Marx (1983, II, p. 135): "Enquanto se viu anteriormente as consequências destruidoras do trabalho excessivo, descobrem-se aqui as fontes dos sofrimentos que decorrem para o trabalhador de sua subocupação".

Mesmo quando se paga um valor extra pela parcela da jornada estendida, a coação exercida sobre o trabalhador não deixa de operar. Os baixos salários fazem com que o trabalhador, para conseguir sobreviver, se veja obrigado a se submeter a uma jornada de trabalho mais longa. "Em diversos ramos industriais britânicos, o baixo preço do trabalho durante o assim chamado tempo normal impõe ao trabalhador o tempo extraordinário mais bem pago, se quiser alcançar ao todo um salário suficiente". (MARX, 198, II, p. 136)

O aumento da produtividade do trabalho, visto anteriormente, e a consequente substituição dos trabalhadores pelas máquinas decorrente de sua utilização capitalista fazem com que um homem realize "o trabalho de 1,5 ou 2 homens, fazem crescer a oferta de trabalho ainda que a oferta de forças de trabalho que se encontram no mercado permaneça constante. A concorrência assim provocada entre os trabalhadores capacita o capitalista a comprimir o preço do trabalho, enquanto o preço decrescente do trabalho, inversamente, o capacita a elevar ainda mais o tempo de trabalho". (MARX, 1983, II, p. 137) É o desemprego e a miséria de uma parte da classe trabalhadora gerando as condições para o aumento do grau de exploração do trabalho daqueles que estão trabalhando, tudo em benefício dos capitalistas. Quanto mais avançamos na leitura d'*O capital* fica mais claro o caráter perverso do capitalismo, fica mais evidente sua irracionalidade. Ao invés de utilizar toda força de trabalho existente, desperdiça-se uma parte dela, lançando-a no desemprego, enquanto a outra parte da força de trabalho é atrofiada por excesso de trabalho. Sinteticamente, a situação da classe trabalhadora se apresenta da seguinte maneira:

Aumento da intensidade e da produtividade do trabalho

↓

Aumenta a oferta de trabalho

↓

Aumento da concorrência entre os trabalhadores diminui o preço do trabalho

↓

O trabalhador é forçado a se sujeitar ao aumento da jornada de trabalho

Figura 12: Relação do aumento da intensidade, da produtividade do trabalho com o aumento da jornada de trabalho. (Elaboração própria)

Como se vê, o aumento da exploração contida no aumento da intensidade e da produtividade do trabalho estimula o aumento da exploração através do aumento da extensão da jornada de trabalho. Todas as formas de aumentar a exploração do trabalhador assalariado atuam simultaneamente: aumento da intensidade, da produtividade, da jornada de trabalho e redução do salário. No capítulo seguinte, o capítulo XIX, Marx vai tratar da segunda forma de salário: o salário por peça.

O SALÁRIO POR PEÇA

O pagamento feito por peça ou salário por peça é uma forma extremamente sofisticada de iludir o trabalhador assalariado. Com o salário por peça, o trabalhador pode decidir o início e o fim de sua jornada de trabalho, o que lhe dá "o sentimento de liberdade, (de) independência e autocontrole", (MARX, 1983, II, p. 142) fazendo-o crer que é ele próprio quem determina o seu salário e a extensão de sua jornada. No entanto, adverte Marx: a ilusão de melhorar seu salário através do aumento da produção é comprovada pelo fato de que, assim que os trabalhadores, através de esforço excessivo, conseguem aumentar minimamente seu salário diário, os capitalistas reduzem o salário por peça, rebaixando o ganho total do trabalhador ao nível anterior e se apropriando, desse modo, do aumento da produtividade do trabalho. No entanto, esse rebaixamento, observa Marx (1983, II, p. 144), não ocorre sem "lutas contínuas entre capitalista e trabalhador".

O salário por peça é a forma mais sofisticada de exploração da força de trabalho, a forma que mais ilude o trabalhador e a melhor maneira de colocar uns contra os outros. (MARX, 1983, II, p. 142) Através do salário por peça, os capitalistas economizam por não necessitarem mais de seus supervisores, uma vez que o próprio trabalhador se autofiscaliza: "Como qualidade e intensidade do trabalho são controladas aqui pela própria forma do salário, esta torna grande parte da supervisão do trabalho supérflua". (MARX, 1983, II, p. 141)

Seja o salário medido por tempo ou por peça, ele cumpre sempre um papel de instrumento de opressão. Perceber os enigmas do salário faz parte de um difícil processo de luta e de organização da classe trabalhadora, luta e organização que, ao se aproximar do final da Seção VI do Livro I, se preparam para o seu derradeiro momento.

No capítulo XX, último da Seção VI, Marx retoma a análise feita no capítulo XV sobre as variações da extensão da jornada, da intensidade e da produtividade do trabalho, fazendo uma surpreendente observação: jornadas mais extensas podem produzir menor valor do que jornadas mais curtas, dependendo do grau de intensidade e de produtividade do trabalho. Marx (1983, II, p. 146) usa o testemunho de um gerente de uma fábrica de algodão em Oldenburg, na Alemanha, que declara que lá "o tempo de trabalho dura das 5:30 horas da manhã até às 8 horas da noite (ou seja, 14,5 horas diárias) inclusive no sábado, e que os trabalhadores locais, quando submetidos a supervisores ingleses, durante esse tempo, produzem pouco menos que trabalhadores ingleses em 10 horas, porém, sob supervisores alemães, produzem ainda muito menos". E conclui o gerente: "O salário seria muito mais baixo do que na Inglaterra, 50% em muitos casos, mas o número de braços em relação à maquinaria seria muito maior, em vários departamentos na proporção de 5 : 3". (MARX, 1983, II, p. 146-147) Um esquema gráfico pode facilitar a exposição:

Inglaterra

(maior produtividade e intensidade)Jornada de trabalho: 10h*

4h de salário 5h de mais-valia

* Nas 10 horas de jornada se produz 9 horas de valor novo.

Taxa de mais-valia (%) = mais-valia x 100 = 5 / 4 x 100 = 125%
Capital variável

Oldenburg, Alemanha

(menor produtividade e intensidade)Jornada de trabalho: 14,5h*

3h de salário 3h de mais-valia

* Nas 14,5 horas de jornada se produz somente 6 horas de valor novo.

Taxa de mais-valia (%) = 3 / 3 x 100 = 100%

Figura 13: Divisão do valor produzido entre o salário e a mais-valia. (Elaboração própria)

Apesar de ser submetido a uma jornada de trabalho diária mais longa (14,5 horas), o trabalhador alemão produz durante um dia de trabalho menos valor novo (6 horas), menos mais-valia (3 horas) e é explorado em grau menor (100%) do que o trabalhador inglês, que, apesar de trabalhar durante menos tempo do que o alemão (10 horas ao invés de 14,5 horas), produz mais valor novo (9 horas ao invés de 6 horas), maior massa de mais-valia (5 horas ao invés de 3 horas), sendo, portanto, mais explorado (125% ao invés de 100%) do que o trabalhador alemão. Curioso é que o trabalhador inglês trabalha durante uma jornada menor, recebe um salário maior (que corresponde a 4 horas ao invés de 3 horas) e, mesmo assim, é mais explorado do que o trabalhador alemão. Com isso, Marx quer mostrar que somente a extensão da jornada e a magnitude do salário são insuficientes para comparar os graus de exploração aos quais diferentes trabalhadores são submetidos. Além do salário e da extensão da jornada é preciso observar a produtividade e a intensidade do trabalho.

Estamos prestes a ingressar na última seção do Livro I d'*O capital,* a seção VII. Enquanto permanecíamos no interior da instância da produção, entre as seções III e VI, refletimos a respeito das contradições da luta de classes em torno da *extensão da jornada de trabalho, da intensidade e da produtividade do trabalho* (seções III a V) e aquelas ligadas ao *salário* (seção VI), contradições que, como vimos, são centrais na luta entre as classes. Vejamos quais os segredos que Marx nos reserva na derradeira seção do Livro I, a Seção VII.

A DOMINAÇÃO SOBRE A CLASSE TRABALHADORA SE APROFUNDA

Se o capital já havia estendido as suas garras a toda a família operária ao incorporar as mulheres e as crianças no processo de produção, conforme vimos no capítulo XIII, aqui no capítulo XXI, chegou a vez de analisar o papel do trabalho doméstico na produção da força de trabalho. Marx observa que até mesmo o "consumo individual" da classe trabalhadora é incorporado ao capital, pois o momento no qual o trabalhador consome seus meios de subsistência "continua sendo um momento do processo de produção e reprodução do capital, quer ocorra dentro, quer fora da oficina, da fábrica, etc. (pois) é produção e reprodução do meio de produção mais imprescindível ao capitalista, o próprio trabalhador". (MARX, 1983, II, p. 157) No momento em que está consumindo os meios de subsistência, o trabalhador assalariado está conservando a sua capacidade de trabalhar, ele se abastece "de meios de subsistência a fim de manter sua força de trabalho em andamento, como se abastece de água e carvão a máquina a vapor e de óleo a roda". (MARX, 1983, II, p. 157) Mesmo fora do local de trabalho, o trabalhador assalariado continua a ser, assim, "um acessório do capital, do mesmo modo que um instrumento morto de trabalho". (MARX, 1983, II, p. 158)

Por consumir e com isso "destruir os meios de subsistência", o trabalhador assalariado força o "seu constante reaparecimento no mercado de trabalho", (MARX, 1983, II, p. 158) ou seja, ele é forçado constantemente a vender a sua força de trabalho para comprar novos meios de subsistência. Assim, se "o escravo romano estava preso por correntes a seu proprietário, o trabalhador assalariado o está por fios invisíveis. A aparência de que é independente é mantida pela mudança contínua dos patrões individuais e pela *fictio juris*[34] do contrato". (MARX, 1983, II, p. 158) O contrato de trabalho ilude o trabalhador, fazendo-o crer que é um produtor independente. Mais uma vez, o capitalismo se mostra a forma mais sofisticada de dominação de classes. Se, como vimos, o salário ilude o trabalhador assalariado do ponto de vista quantitativo, isto é, o impede de saber quanto da jornada de trabalho é dele e quanto é do patrão, o contrato de trabalho o ilude qualitativamente, impedindo-o de perceber a sua dependência frente ao capital.

A seguir, percebe-se que as contradições entre a classe trabalhadora e a classe capitalista se aprofundam. O capital não domina o trabalhador assalariado somente temporalmente. Ele não o domina apenas durante a jornada de trabalho. Mais do que isso, o domínio quase absoluto do capital sobre o trabalhador assalariado não se dá somente porque o primeiro domina o tempo inteiro do segundo, inclusive o tempo em que realiza o seu consumo individual. No processo de trabalho, o trabalhador assalariado gera meios de produção ou meios de subsistência que são, em si, capital, propriedade alheia que se volta contra o trabalhador. Se ele não tiver dinheiro para comprar os meios de subsistência, não sobreviverá. O trabalhador assalariado se torna refém tanto dos meios de produção quanto dos meios de subsistência, por serem ambos propriedade da classe capitalista. Caso não tenha acesso aos meios de produção, não receberá um salário para sobreviver. Para isso, é necessário vender sua única mercadoria, a força de trabalho. O trabalhador assalariado torna-se também refém dos meios de subsistência, sem os quais ele não consegue sobreviver. Tudo o que o trabalhador assalariado necessita para sobreviver se tornou, historicamente, propriedade alheia. Nesse sentido, afirma

[34] Ficção jurídica.

Marx (1983, II, p. 156): o trabalhador assalariado produz um "poder estranho que o domina e explora (...) uma riqueza objetiva como capital" separada de sua subjetividade enquanto proletário. O capital domina o trabalhador assalariado em quase todos os aspectos de sua vida, desde o seu consumo individual até a sua atividade produtiva.

A PROPRIEDADE PRIVADA CAPITALISTA COMEÇA A SER SUPERADA

Até esse momento do capítulo XXI, o poder do capital é estranho e enigmático, um poder que domina o trabalhador em todos os seus momentos vitais. A partir daqui, no entanto, alguns dos enigmas mais profundos do capital começarão a ser desvelados. O primeiro deles é a origem da propriedade privada dos meios de produção. De onde proviria a propriedade privada capitalista?

Neste capítulo XXI, Marx começa a responder a essa questão, mas, como veremos, apenas começa. Marx (1983, II, p. 155) parte da seguinte suposição: "se a mais-valia produzida periodicamente, por exemplo, anualmente, por um capital de 1.000 libras esterlinas, for de 200 libras esterlinas e se essa mais-valia for consumida todos os anos, é claro que, depois de repetir-se o mesmo processo durante 5 anos, a soma da mais-valia consumida será = 5 x 200, ou igual ao valor do capital originalmente adiantado de 1.000 libras esterlinas". O que significa isso? Significa que, ao final de certo número de anos, o capitalista terá consumido todo o valor do capital original, restando em suas mãos apenas a mais-valia proveniente do trabalho alheio não pago. Se com os 1.000 iniciais nosso capitalista montou a empresa anterior, de posse desses 1.000 de mais-valia produzida por seus trabalhadores ele pode montar outra empresa. Toda esta segunda empresa é fruto do trabalho da classe trabalhadora. Ou seja, com o passar dos anos "não subsiste nenhum átomo de valor do antigo capital" (MARX, 1983, II, p. 155) nas novas empresas que vão sendo criadas. Elas provêm totalmente do trabalho excedente da classe trabalhadora, o trabalho que excede o trabalho necessário para reproduzir o valor da força de trabalho, o trabalho que produz a mais-valia apropriada sem qualquer pagamento pelo capitalista.

Como se vê, a partir do capítulo XXI as ilusões em torno da propriedade privada capitalista começam a ser superadas. A propriedade privada capitalista não provém do trabalho dos capitalistas, mas do trabalho alheio, o trabalho da classe trabalhadora. A riqueza deixa de aparecer abstratamente como uma "imensa coleção de mercadorias", (MARX, 1983, I, p. 45) deixa de ser fruto do trabalho individual do produtor de linho e do produtor de casaco, que com seus trabalhos produziam suas próprias mercadorias, conforme havia sido exposto no capítulo I, ou, o que é o mesmo, mediante seus próprios trabalhos, garantiam o direito à propriedade de seus produtos. Aqui no capítulo XXI, a propriedade privada capitalista se tornou o resultado da exploração do trabalho alheio, fruto da exploração de uma classe sobre a outra. Considerando o processo de produção como um processo permanente, em sua continuidade, a propriedade privada capitalista não passa de trabalho da classe trabalhadora, algo que até esse momento da exposição havia permanecido oculto, sendo revelado somente aqui, no início da última seção do Livro I.

Depois de uma longa luta exposta no decorrer do Livro I, uma luta dirigida e impulsionada por organizações revolucionárias, depois que a classe trabalhadora se organizou no interior da instância da produção, depois de ter realizado greves e construído seus comitês de greve, depois de ter desvelado as nefastas consequências do prolongamento desmesurado da jornada de trabalho (capítulo VIII), do aumento da intensidade do trabalho (capítulo XII), do aumento da produtividade do trabalho (capítulo XIII), depois de ter desvelado os enigmas do salário (capítulos XVII a XX), a classe trabalhadora, finalmente, na última seção do Livro I, começa a desvelar os segredos da propriedade privada capitalista e se preparar, assim, para os momentos decisivos da luta de classes.

Mas esse é apenas o início do desvelamento dos segredos da propriedade privada, pois apenas a segunda e as subsequentes propriedades capitalistas são desveladas aqui no capítulo XXI. A propriedade originária, aqueles 1.000 originais que deram início à exploração da classe trabalhadora, ainda aparecem aqui como possível resultado do trabalho anterior da classe capitalista. Isso será tratado no capítulo XXIV. Sigamos, então, ao encontro das novas revelações contidas na Seção VII do Livro I.

HAVERÁ TROCA DE EQUIVALENTES ENTRE A FORÇA DE TRABALHO E O CAPITAL?

O que será desvelado a seguir, no capítulo XXII, são as ilusões relacionadas à compra e venda da força de trabalho. Suponhamos que um capital de 10 mil libras esterlinas invista 8 mil em meios de produção e 2 mil em força de trabalho. Se os trabalhadores que recebem 2 mil em salários produzirem 2 mil de mais-valia no primeiro ano, os salários de 2 mil do segundo ano poderão ser pagos com a mais-valia de 2 mil apropriada pelo capitalista no primeiro ano. É a mais-valia servindo para pagar os salários. Nesse sentido, afirma Marx (1983, II, p. 166): "a parte do capital que se troca por força de trabalho nada mais é que uma parte do produto de trabalho alheio, apropriado sem equivalente". Assim, a relação de troca entre o trabalhador e o capitalista, "que apareceu originalmente como (...) intercâmbio de equivalentes se torceu (agora) de tal modo que se troca apenas na aparência". (MARX, 1983, II, p. 166) Com o passar do tempo, para pagar o salário dos trabalhadores, o capitalista não precisa desembolsar nenhum valor que tenha lhe custado algo anteriormente. São os próprios trabalhadores que produzem o valor de seu salário, através da mais-valia apropriada sem pagamento pelo capitalista no período anterior. A troca de equivalentes entre força de trabalho e capital não passa de uma aparência existente na superficial e ilusória esfera da circulação de mercadorias. Pelo fato de o salário ser pago em dinheiro, parece que quem arca com o ônus de pagar o salário é o capitalista que emprega o trabalhador assalariado. Mas isso é falso. Quem arca com esse ônus é o próprio trabalhador, que cedeu gratuitamente ao capitalista parte do valor por ele produzido no ciclo anterior, valor esse que o capitalista utiliza para pagar o salário do ciclo seguinte.

Apesar disso, Marx diz que a relação de troca entre a força de trabalho e o capital não pode ser considerada um logro: "Se, portanto, a soma de valores adiantada em salário não reaparece simplesmente no produto, mas reaparece aumentada de uma mais-valia, isso não provém de o vendedor ter sido logrado, pois ele recebeu o valor de sua mercadoria, mas do consumo desta pelo comprador." (MARX, 1983, II, p. 167) E conclui Marx: "a transformação original do dinheiro em capital realiza-se na mais perfeita harmonia com as leis econômicas da produção de mercadorias e com o direito da propriedade privada delas derivado". (MARX, 1983, II, p. 167)

A troca entre capital e trabalhador assalariado não é um logro porque é embasada numa lei, a lei da troca de mercadorias. Se, como vimos no capítulo II, a troca de mercadorias só ocorre entre proprietários privados, a troca entre capital e trabalhador assalariado atende esse requisito, pois se dá entre proprietários privados, o proprietário dos meios de produção e o proprietário da força de trabalho. Ambos são privados do acesso à mercadoria alheia, a não ser por meio da troca. O trabalhador assalariado somente pode ter contato com os meios de produção, assim como o capitalista somente pode utilizar a força de trabalho do trabalhador assalariado depois da compra e venda desta mercadoria. Essa troca está em perfeita harmonia nessa sociedade produtora de mercadorias. Na aparência própria do mercado, a lei da troca de equivalentes não é violada. Em suma, a troca de equivalentes ocorre se a análise se restringir à superfície da instância da circulação de mercadorias. No entanto, se seguirmos para as profundezas da instância da produção e retornarmos à instância da circulação, realizando toda a rotação do capital e acompanhando-o em sua reprodução, depois de conhecer o movimento contínuo de produção e reprodução do capital, aquela aparência mostrar-se-á ilusória. Somente então será possível perceber a falsidade daquela aparência.

Nesse sentido, mesmo correspondendo às leis da produção de mercadorias, a troca entre capital e trabalhador assalariado não é, em *essência*, uma troca entre valores equivalentes. Apesar de *parecer* como tal, ela é fundamentalmente uma troca de não equivalentes. Desse modo, Marx está superando, aqui no capítulo XXII, aquilo que ele havia afirmado anteriormente, no capítulo V: "a circunstância de que (...) o valor que a utilização da força de trabalho cria durante um dia é o dobro de seu próprio valor de um dia é grande sorte para o comprador, mas, de modo algum, uma injustiça contra o vendedor". (MARX, 1983, I, p. 160) Ou seja, lá no capítulo V, Marx afirmava que a troca entre capital e trabalhador assalariado era uma troca justa para ambas as partes e, de modo algum uma violação das leis do intercâmbio de mercadorias. "Trocou-se equivalente por equivalente", afirmava Marx (1983, I, p. 160) naquele capítulo. Aqui no capítulo XXII, Marx (1983, II, p. 166) mostra a falsidade desta afirmação. "A relação de intercâmbio entre capitalista e trabalhador torna-se, portanto, apenas mera aparência pertencente ao processo de circulação, mera forma, que é alheia ao próprio conteúdo e apenas o mistifica". Ou seja, observando a coisa bem de perto, não há troca de equivalentes entre o capital e o trabalhador assalariado, pois é este quem produz e entrega gratuitamente ao seu patrão o valor de sua força de trabalho. Na venda da única mercadoria que lhe restou, o trabalhador assalariado é enfeitiçado pela aparente equivalência na relação de troca com o capital. Mais uma vez, a sua própria força de trabalho é a mercadoria que mais o enfeitiça.

Ainda nesse capítulo XXII, nosso capitalista sofre uma transformação. "Nos primórdios históricos do modo de produção capitalista (...) predomina a sede de riqueza e a avareza como paixões absolutas". (MARX, 1983, II, p. 173) No entanto, "em certo nível de desenvolvimento, um grau convencional de esbanjamento, que é ao mesmo tempo ostentação de riqueza e, portanto, meio de obter crédito, torna-se até uma necessidade do negócio para o 'infeliz' capitalista". (MARX, 1983, II, p. 173) Além do aumento da ostentação, outra diferença entre o capitalista primitivo e o capitalista moderno é a ausência que este passou a ter da necessidade de "trabalhar duro por seu sustento". (MARX, 1983, II, p. 174)[35] A diferença que existia entre o capitalista primitivo e o senhor feudal, a vida ascética daquele em comparação com o esbanjamento pródigo deste, foi diminuindo com o crescimento da acumulação. (MARX, 1983, II, p. 174) A pujança da acumulação há muito transformou os capitalistas "em gozadores e homens do mundo". (MARX, 1983, II, p. 175) Quanto aos trabalhadores, é constante a tendência de o capital rebaixá-los a um nível de consumo niilista. (MARX, 1983, II, p. 178) Se o pequeno capitalista é ainda obrigado a trabalhar, os grandes capitalistas há muito não trabalham.

Até aqui acompanhamos a relação entre a classe capitalista e a classe trabalhadora que está trabalhando, aquela parcela dos trabalhadores empregados. Nesse momento, entra em cena outro setor da classe trabalhadora ignorado até então. São aqueles trabalhadores que o capital não dá o direito de trabalhar, os trabalhadores desempregados. O tema do próximo capítulo, o capítulo XXIII, é a situação dos desempregados e o papel que eles cumprem na acumulação capitalista.

[35] Marx extrai essa expressão do trecho de um escrito publicado pelo Dr. Aikin, em 1795.

CHEGOU A HORA DOS DESEMPREGADOS

No capítulo XXIII, Marx retoma de maneira mais profunda o que já havia exposto anteriormente em relação à substituição dos trabalhadores por máquinas. Esta tendência do capital de substituir trabalhadores por máquinas é expressa aqui como o aumento de sua composição orgânica, ou seja, o aumento da proporção entre o capital constante ou o valor dos meios de produção e o capital variável ou o valor da força de trabalho, que é exposto na seguinte fórmula:

$$\text{Composição orgânica do capital} = \frac{\text{Capital constante}}{\text{Capital variável}}$$

Suponhamos um capital de 1.000, composto por 500 de capital constante e 500 de capital variável, que produz uma mais-valia anual de 200, conforme o esquema abaixo:

500 meios de produção
↗
1000 Dinheiro ... Produção ...Mercadoria'–1200 Dinheiro'
↘
500 força de trabalho

Figura 14: Representação gráfica de uma rotação do capital.

Neste caso, a composição orgânica do capital é de 1 c : 1 v, ou seja, 1 de capital constante em relação a 1 de capital variável. Suponhamos que o capital se acumule, ou, o que é o mesmo, parte ou a totalidade da mais-valia de 200 se transforme em capital. Marx afirma que a tendência é que a acumulação do capital seja acompanhada pela concentração do capital em meios de produção. Isso significa que a maior parte da mais-valia tende a ser aplicada em meios de produção, restando uma parcela menor dela para ser aplicada em força de trabalho. Por exemplo, se todos os 200 de mais-valia forem acumulados, 150 dela se concentrariam em meios de produção e somente 50 seriam aplicados em força de trabalho, o que ocasionaria um acréscimo da composição orgânica do capital. Sinteticamente a composição do capital nesse segundo ciclo ficaria assim:

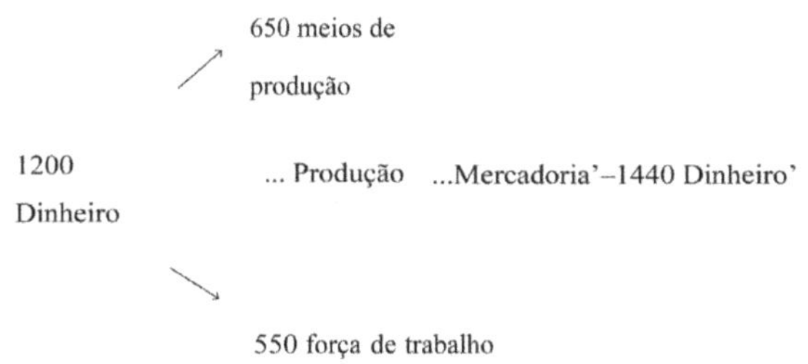

Figura 15: Representação gráfica de uma rotação do capital, depois de o capital ter acumulado e concentrado em meios de produção

A acumulação de capital (de 1.000 para 1.200) é acompanhada pela concentração de capital em meios de produção, ou seja, passou de 500 de capital constante e 500 de capital variável (1 c : 1 v) para 650 de capital constante e 550 de capital variável (1,18 c : 1 v). É importante observar que a magnitude do capital variável aumentou de um ano para outro (de 500 para 550), o que significa que há mais trabalhadores empregados e recebendo maiores salários. Mas mesmo tendo melhorado as condições de vida da classe trabalhadora, a proporção do valor empregado em força de trabalho diminuiu em relação ao valor empregado em meios de produção. Assim diz Marx (1983, II, p. 199): "como a demanda por trabalho não é determinada pelo volume do capital global, mas por seu componente variável, ela cai progressivamente com o crescimento do capital global. Com o crescimento do capital global na verdade também cresce seu componente variável (...) mas em proporção continuamente decrescente". E continua Marx (1983, II, p. 206): "O capital age sobre ambos os lados ao mesmo tempo. Se, por um lado, sua acumulação multiplica a demanda de trabalho, por outro, multiplica a oferta de trabalhadores mediante sua 'liberação', enquanto, ao mesmo tempo, a pressão dos desocupados força os ocupados a porem mais trabalho em ação, portanto, até certo ponto, torna a oferta de trabalho independente da oferta de trabalhadores". No capitalismo o aumento da produtividade do trabalho contribui para o enriquecimento do capitalista ao mesmo tempo em que prejudica os trabalhadores, tanto aqueles que são demitidos quanto aqueles que continuam trabalhando. Sem que desejem isso, portanto, de maneira inconsciente, os trabalhadores desempregados pressionam aqueles empregados, que passam a ser submetidos a maior intensidade do trabalho, aumentando, desse modo, o grau de exploração.

Assim, "em relação às necessidades de aproveitamento por parte do capital (...), a acumulação capitalista produz constantemente (...) uma população trabalhadora adicional relativamente supérflua". (MARX, 1983, II, p. 199) A superpopulação relativa corresponde àquela parcela de trabalhadores que não é absorvida pelo capital, transformada, portanto, em população supérflua, sem a qual, no entanto, o capital não subsistiria. "A população trabalhadora excedente é produto necessário da acumulação capitalista (...) uma alavanca da acumulação, até uma condição de existência do modo de produção capitalista", (MARX, 1983, II, p. 200) pois a ausência da população desempregada eliminaria a pressão sobre os trabalhadores empregados para o rebaixamento de seus salários, para o prolongamento da jornada e para o aumento da intensidade do trabalho. É nesse sentido que a superpopulação relativa é uma alavanca da acumulação capitalista. A existência de trabalhadores desempregados tende a promover o aumento da apropriação privada da mais-valia. Como se vê, no capitalismo o desemprego não é acidental, não é uma exceção, algo passageiro, momentâneo, mas uma lei imprescindível à continuidade do processo de valorização do valor. Desse modo, "o movimento da lei da demanda e oferta de trabalho completa o despotismo do capital". (MARX, 1983, II, p. 206)

Mas a existência do desemprego e a pressão exercida por ele sobre os trabalhadores empregados não ocorre sem conflitos entre as classes. "Assim que os trabalhadores descobrem que o grau de intensidade da concorrência entre eles depende inteiramente da pressão da superpopulação relativa (...) procuram organizar uma ação conjunta entre empregados e desempregados (...) perturbando a ação livre daquela lei" da demanda e oferta de trabalho. (MARX, 1983, II, p. 206)

Sendo assim, os trabalhadores empregados, especialmente aqueles trabalhadores produtivos, que produzem mais-valia para o capital, ampliam seu raio de ação ao "organizar uma ação conjunta" com os trabalhadores desempregados, que compõem o que Marx chama de superpopulação relativa. Esses seriam arrastados ao movimento pelos trabalhadores produtivos, num momento avançado da luta de classes como estamos presenciando aqui no final do Livro I, depois de termos percorrido esse longo caminho de muito conflito entre elas. Nosso personagem se amplia. Não é apenas a família operária que se confronta com o capital. Além dela, as famílias dos desempregados entram na cena da luta de classes. Agora é toda a classe trabalhadora que participa da luta. Desse modo, as contradições entre as classes se aprofundam cada vez mais. Aproxima-se, assim, o momento decisivo e derradeiro.

Já havíamos visto as divisões internas entre os trabalhadores empregados, aquela divisão entre trabalhadores produtivos e trabalhadores improdutivos. Aqui, as diferenças internas à classe trabalhadora se ampliam. Trata-se das diferenças entre os trabalhadores empregados e os trabalhadores desempregados. Aqui no capítulo XXIII, a classe trabalhadora inteira torna-se o personagem central desse drama chamado *O capital*. Todos os trabalhadores, empregados e desempregados, numa ação conjunta, enfrentam os ataques do capital.

Na sequência do capítulo, Marx (1983, II, p. 207) detalha ainda mais as diferenças internas da classe trabalhadora, indicando as divisões existentes entre os desempregados. A fração superior, denominada por ele de superpopulação fluente, é formada por aqueles que ora são atraídos, ora repelidos do processo de trabalho. Para esses trabalhadores, a conquista e a perda de emprego é frequente, o que faz com que eles não permaneçam muito tempo desempregados e, por isso, ainda conservem certa capacidade de trabalho. A segunda categoria dos trabalhadores desempregados é aquela composta por trabalhadores provenientes do campo, categoria chamada por Marx de superpopulação latente. Essa parcela está à disposição do capital toda a vez que o capital demande uma quantidade maior de trabalhadores. Já a terceira categoria, denominada superpopulação estagnada, tem uma ocupação completamente irregular, sendo utilizada pelo capital de maneira menos frequente quando comparada às duas categorias anteriores. "Ela proporciona ao capital um reservatório inesgotável de força de trabalho disponível. Sua condição de vida cai abaixo do nível normal médio da classe trabalhadora". (MARX, 1983, II, p. 208) Além dessas três categorias, há ainda mais uma entre os trabalhadores desempregados, composta pelo "mais profundo sedimento da superpopulação relativa, que habita a esfera do pauperismo". (MARX, 1983, II, p. 208) Dentre o pauperismo há quatro categorias: 1) os aptos para o trabalho; 2) os órfãos e crianças indigentes; 3) os maltrapilhos, degradados, incapacitados para o trabalho por terem sido vítimas da indústria, ou terem ultrapassado a idade normal de um trabalhador; e finalmente, 4) "os vagabundos, delinquentes, prostitutas, em suma, o *lumpemproletariado* propriamente dito". (MARX, 1983, II, p. 208)

Esses extratos dos trabalhadores desempregados são um produto direto do capitalismo. Eles são a expressão de um processo de produção excludente, caracterizado por um processo de trabalho no qual não há lugar para todos. A degeneração imposta às camadas mais baixas da superpopulação relativa é o retrato que expressa de maneira mais clara a sociedade capitalista. Essa degeneração é a outra face, indissociável, da extrema riqueza concentrada na classe capitalista.

"A acumulação da riqueza num polo é, portanto, ao mesmo tempo, a acumulação de miséria, tormento de trabalho, escravidão, ignorância, brutalização e degradação moral no polo oposto, isto é, do lado da classe que produz seu próprio produto como capital". (MARX, 1983, II, p. 210) A lei que rege a acumulação capitalista pode ser enunciada da seguinte maneira: "quanto maiores a riqueza social, o capital em funcionamento, o volume e a energia de seu crescimento, portanto também a grandeza absoluta do proletariado e a força produtiva de seu trabalho, tanto maior o exército industrial de reserva". (MARX, 1983, II, p. 209) A existência inevitável de trabalhadores desempregados sob o capitalismo "ocasiona uma acumulação de miséria correspondente à acumulação de capital". (MARX, 1983, II, p. 210)

Cabe, então, perguntar: que expectativa pode ter a classe trabalhadora no capitalismo? Que expectativa podem ter aqueles que não possuem os meios de produção diante de uma formação social que produz, num polo, miséria, desemprego e baixos salários, para, no outro polo, produzir crescente concentração de riqueza? Com essas indagações, nos aproximamos do final do percurso trilhado no Livro I de *O capital,* chegando ao capítulo XXIV, no qual Marx descreverá os fundamentos da origem do capitalismo e traçará, no final do capítulo, a tendência histórica futura da acumulação capitalista.

A VIOLÊNCIA ORIGINÁRIA

Finalmente, no capítulo XXIV, Marx desvelará o que havia ficado pendente no capítulo XXII: de onde provém o capital original? Lá no capítulo XXII, Marx (1983, II, p. 165) havia admitido que "a única suposição que *parecia* ser realmente coerente com as leis da produção de mercadorias" era a de que o capital original proviria do "próprio trabalho (do capitalista) e de seus antepassados". A palavra *parece* grifada por nós na citação indica um nível ainda aparente, superficial, ilusório e abstrato da análise, indicação que é realçada na sequência do capítulo XXII, onde Marx (1983, II, p. 165) afirmava, em tom irônico, que essa opinião é "unânime entre os porta-vozes da Economia Política". Tanto a ironia quanto a expressão *parece* indicam que esta não é a opinião de Marx. Veremos a seguir que, segundo o nosso autor, o capital original possui outra fonte diferente do trabalho da classe capitalista.

O início do capítulo XXIV confirma essa hipótese. Marx (1983, II, p. 261) começa o capítulo com outra ironia em relação às concepções da Economia Política burguesa. "Essa acumulação originária desempenha na Economia Política um papel análogo ao pecado original na Teologia. Adão mordeu a maçã e, com isso, o pecado sobreveio à humanidade. Explica-se sua origem contando-a como anedota ocorrida no passado". Que anedota seria essa? "Em tempos muito remotos", continua Marx (1983, II, p. 261) descrevendo a anedota econômica, "havia, por um lado, uma elite laboriosa, inteligente e, sobretudo, parcimoniosa, e, por outro, vagabundos dissipando tudo o que tinham e mais ainda". Assim, diz Marx (1983, II, p. 261), "se explica que os primeiros acumularam riquezas e os últimos, finalmente, nada tinham para vender senão sua própria pele". Segundo os economistas burgueses, "desse pecado original data a pobreza da grande massa que, até agora, apesar de todo seu trabalho, nada possui para vender senão a si mesma, e a riqueza dos poucos, que cresce continuamente, embora há muito tenham parado de trabalhar". (MARX, 1983, II, p. 261) Aqui termina a ironia em torno da anedota contada pela economia política burguesa a respeito da origem do capitalismo.

Marx (1983, II, p. 261-262) passa, então, a expor a sua concepção de acumulação originária do capital: "na história real, como se sabe, a conquista, a subjugação, o assassínio para roubar, em suma, a violência, desempenham o principal papel". Como se vê, para Marx o capitalismo se originou da violência. A violência é o pressuposto, o fundamento que deu origem ao capitalismo. Qual a forma que teria se dado essa violência originária? Marx (1983, II, p. 262) nos explica então que a violência originária se manifesta através do "processo histórico de separação entre produtor e meio de produção", isto é, a separação entre o trabalhador, de um lado; a terra e os instrumentos de trabalho, de outro. Para que o capitalismo surgisse na face da terra, servo e artesão medievais tiveram que ser, enquanto classe, totalmente expropriados. Mas essa separação violenta entre os trabalhadores e os meios de produção não é apenas um fenômeno que ocorreu há séculos e deixou de ocorrer em determinado momento histórico. Para Marx (1983, II, p. 262), "tão logo a produção capitalista se apoie sobre seus próprios pés, não apenas conserva aquela separação, mas a reproduz em escala sempre crescente". Ou seja, a acumulação originária enquanto separação violenta entre os trabalhadores e os meios de produção é algo que não apenas continua ocorrendo, mas ocorre em "escala sempre crescente".[36] A violência contra a classe

[36] Utilizamos a expressão "acumulação originária" ao invés de "acumulação primitiva" usada na edição brasileira por seguirmos a orientação de Hector Benoit,

trabalhadora não é algo que ficou para trás, mas algo que permanece, como, por exemplo, o êxodo rural, as migrações forçadas provocadas pelas guerras, pela ausência de emprego, pelas perseguições religiosas e políticas etc.

A seguir, Marx (1983, II, p. 266) cita quatro exemplos históricos dessa separação entre os trabalhadores e os meios de produção. O primeiro exemplo é a Reforma Protestante, que serviu para expropriar violentamente a massa do povo do campo no século XVI. "Na época da Reforma, a Igreja Católica era a proprietária feudal de grande parte da base fundiária inglesa. A supressão dos conventos etc. lançou seus moradores na proletarização". Ao contrário da tese dominante, que caracteriza o protestantismo apenas como um movimento que visou democratizar o ensino religioso e defender uma postura mais ascética dos "homens de Deus" ao invés do esbanjamento realizado pela nobreza feudal, Marx caracteriza a Reforma Protestante como um dos momentos da violenta expropriação do povo do campo, sendo uma alavanca ao processo de acumulação originária do capital.

O segundo exemplo descrito por Marx (1983, II) foi a Revolta de Crowell, uma radical distribuição de terras responsável por criar uma nova classe de camponeses na Inglaterra no final do século XVII, a *yeomanry.* Marx observa que, apesar da radicalidade daquela reforma agrária, a *yeomanry* desapareceu depois de algumas décadas, levantando dúvidas a respeito da consistência dos movimentos populares baseados na divisão da terra entre pequenos agricultores, aquilo que conhecemos por reforma agrária. Segundo Marx, a Revolta de Cromwell teria mostrado que a perspectiva de distribuir pequenos lotes de terra é ilusória, não passando de mais uma das formas de acumulação originária do capital, pois esses pequenos proprietários rurais enfrentam enormes dificuldades para produzir suas vidas em lotes de terra tão pequenos, sendo forçados, na maioria das vezes,

---

que chama a atenção ao significado da palavra *ursprüngliche* presente na edição alemã como algo que não ficou para trás, conforme dá a entender a expressão "acumulação primitiva", mas algo que permanece.

a vender suas terras aos grandes capitalistas agrários, acumulando, desse modo, o capital nas mãos de alguns poucos capitalistas.

A chamada "Revolução Gloriosa" é o terceiro exemplo de acumulação originária descrito por Marx. Se os dois primeiros exemplos foram responsáveis pela expropriação da massa do povo do campo, este e o próximo têm o objetivo de concentrar a riqueza na mão dos capitalistas. A chamada Revolução Gloriosa foi, segundo Marx (1983, II, 268), um colossal roubo dos domínios do Estado por parte dos novos "extratores de mais-valia fundiários e capitalistas".

O último exemplo histórico da acumulação originária citado por Marx (1983, II, p. 269) foi o cercamento, que, segundo ele, não passou de uma "forma parlamentar de roubo, (...) decretos pelos quais os senhores fundiários fazem presente a si mesmos da terra do povo, como propriedade privada, decretos de expropriação do povo". A corrupção é, para Marx, um fenômeno originário do capitalismo, sendo, portanto, indissociável dele.

Desse modo nada idílico, os servos medievais foram transformados em proletários, esses "pobres laboriosos livres" (MARX, 1983, II, p. 275), produto ineviável da acumulação originária do capital.

COMO FOI RECEBIDO O RECÉM-NASCIDO PROLETARIADO NAS CIDADES?

Expulsos de suas glebas, os servos engrossavam as fileiras do proletariado nascente que, como diz Marx (1983, II, p. 275) ironicamente, era um proletariado "livre como os pássaros", livre de um senhor, mas, sobretudo, livre da propriedade ou pelos menos da posse dos meios de produção. Esse proletariado "não podia ser absorvido pela manufatura nascente com a mesma velocidade com que foi posto no mundo". (MARX, 1983, II, p. 275) Por isso, essa multidão de pessoas que recém tinha se transformado em proletários se converteu "em massas de esmoleiros, assaltantes, vagabundos (...)". (MARX, 1983, II, p. 275) Foram recebidos, sem qualquer etiqueta, pelas "leis sanguinárias" dos nobres, como aquela de Henrique VIII, que em 1530 impunha: "Esmoleiros velhos e incapacitados para o trabalho recebem uma licença para mendigar. Em contraposição, açoitamento e encarceramento para vagabundos válidos. Eles devem ser amarrados atrás de um carro e açoitados até que o sangue corra de seu corpo, em seguida devem prestar juramento de retornarem a sua terra natal ou ao lugar onde moraram nos últimos 3 anos e se porem ao trabalho". (MARX, 1983, II, p. 275) Leis semelhantes continuaram vigorando mais tarde na Inglaterra, como em 1572, com Elisabeth, e em 1603, com Jaime I. Nos Países Baixos, Carlos V lançou leis parecidas na mesma época de Henrique VIII, em 1537. Já na França, elas foram aplicadas por Luís XVI cerca de dois séculos depois, em 1777. (MARX, 1983, II, p. 276-277)

Diante disso, conclui Marx (1983, II, p. 277): "o povo do campo, tendo sua base fundiária expropriada à força e sendo dela violentamente expulso e transformado em vagabundos, foi enquadrado por leis grotescas e terroristas numa disciplina necessária ao sistema de trabalho assalariado, por meio do açoite, do ferro em brasa e da tortura". É essa violência cruel que dá origem ao capitalismo. Ele é indissociável dela.

Percebe-se que o Estado cumpre um nefasto papel nesse processo de acumulação originária do capital, ao emitir leis tanto para reprimir os trabalhadores quanto para permitir a apropriação indevida de terras por parte dos capitalistas. Esses exemplos históricos deixam mais clara a afirmação feita por Marx e Engels (2010, p. 42) no *Manifesto comunista,* de que "o executivo no Estado moderno não é senão um comitê para gerir os negócios comuns de toda a classe burguesa". De fato, percebe-se que desde a origem do capitalismo o Estado atuou no sentido de pavimentar o caminho da acumulação capitalista.

No entanto, essa violência aberta impõe um desgaste político muito grande para a classe capitalista. É mais difícil justificar a conservação de um poder político autoritário do que nas formas de governo mais democráticas. Por isso, depois de certo tempo, essa "violência extra-econômica direta é ainda (...) empregada, mas apenas excepcionalmente". (MARX, 1983, II, p. 277) A burguesia encontra algumas maneiras de ocultar a violência aberta. Dentre elas, "a educação, a tradição e os costumes". (MARX, 1983, II, p. 277) Todas contribuem para que a classe trabalhadora, depois de algumas gerações, esqueça a violência originária e reconheça "as exigências do modo de produção (capitalista) como leis naturais evidentes". (MARX, 1983, II, p. 277) Com o passar do tempo, a violência originária vai sendo esquecida pelas novas gerações de trabalhadores. A educação burguesa, a tradição burguesa e os costumes burgueses transmitidos à classe trabalhadora atuam na produção desse esquecimento histórico. Além dessas formas de produzir o esquecimento, atuam também nesse sentido aquilo que Marx chama de "leis naturais da produção", dentre elas a concorrência entre os trabalhadores, que coloca a permanente ameaça de desemprego, impondo ao trabalhador sua contínua "dependência do capital". (MARX, 1983, II, p. 277) O trabalhador acaba sendo obrigado a aceitar ser explorado pela classe capitalista para não cair no desemprego e na miséria. O que Marx faz no capítulo XXIV é, portanto, o contrário da educação, da tradição e dos costumes burgueses. Ao rememorar a origem violenta do capitalismo, Marx retira a história do esquecimento.[37]

A seguir, Marx faz uma observação reveladora a respeito do significado da expulsão dos servos das terras em que viviam.

[37] Marx realiza aqui a *Alétheia,* palavra grega que se refere à noção de "verdade", cujo significado é o "não esquecimento" (A = negação + létheia = esquecimento). A verdade, portanto, nesse sentido, não se reduz a um enunciado, mas a um processo, o processo de retirada do esquecimento o processo histórico que deu origem à sociedade que vivemos.

O SURPREENDENTE SIGNIFICADO DA EXPROPRIAÇÃO DOS SERVOS

Marx (1983, II, p. 283) comenta que, na Idade Média, "a família camponesa produzia e processava os meios de subsistência e as matérias-primas que depois, em sua maior parte, ela mesma consumia". O servo medieval era quase totalmente autônomo em relação ao mercado. A maior parte da sua produção era voltada para coisas úteis à subsistência de sua família.

Os servos produziam, portanto, em sua maioria, apenas valores de uso. A maior parte de seus produtos não era produzida para a troca, não assumindo um valor de troca e, por isso, não se tornando mercadorias. Os servos eram, assim, quase completamente independentes, tanto da produção quanto do consumo de mercadorias, pois produziam quase todos os meios de subsistência necessários à sobrevivência de sua família. Não desenvolviam, por isso, o mercado interno. No entanto, com o surgimento do capitalismo a situação mudou radicalmente: "a expropriação e a expulsão de parte do povo do campo (...) se dá no mesmo ritmo da destruição da indústria de subsistência rural (...) criando, assim, o mercado interno". (MARX, 1983, II, p. 283-284)

Como se vê, segundo Marx, o mercado interno somente se desenvolveu plenamente a partir da separação violenta entre os trabalhadores e os meios de produção. De fato, se a família camponesa produzia quase tudo o que necessitava, não havia como o mercado interno se desenvolver. Foi preciso "libertar" o servo de seus meios de produção, expropriá-lo, tornando-o, assim, proletário, para que o mercado interno e, com ele, a mercadoria, se desenvolvessem plenamente. Somente depois de arrancada de sua terra, somente depois de violentamente separada de seus meios de produção é que a grande massa de trabalhadores passou a ser obrigada a ir ao mercado a fim de comprar tudo o que necessitava para sobreviver, desenvolvendo, desse modo, o mercado interno.

A partir daqui há uma modificação fundamental nesse drama chamado *O capital*. Vimos aqui no capítulo XXIV que o mercado somente se generalizou depois da violenta expropriação dos servos medievais. Mas o mercado não existe sem mercadorias. Isso é o mesmo que dizer que a mercadoria somente se generalizou mediante a violência que deu origem ao capital. A mercadoria, que apareceu como o personagem inicial do Livro I, transforma-se aqui, no final do Livro, no *produto* de um processo histórico que separa violentamente o trabalhador de seus meios de produção.[38] Ou seja, o capítulo I, que apareceu na primeira leitura como o início propriamente dito, se revela agora como um início apenas aparente, sendo fundamentalmente a continuidade de um processo histórico, o processo da expropriação dos trabalhadores exposto no capítulo XXIV. Está aqui, então, no derradeiro capítulo XXIV, o princípio, o pressuposto, o fundamento de todo o Livro I, assim como o princípio de todo o capitalismo. A violência aberta da luta de classes exposta no capítulo XXIV é, assim, o fundamento que norteia todo *O capital* de Marx. Desse modo, todas as relações sociais descritas no decorrer da obra se revelam agora como consequência da expropriação violenta dos trabalhadores.

[38] Nesse sentido já observava Benoit (1996, p. 22): "O começo pressupõe assim o fim, fim que, na verdade, é princípio, *arché*, fundamento originário. Por isso mesmo, em *O capital*, em certo sentido ("para nós", para quem já conhece o percurso), desde o começo já se pode pressupor o fim, princípio pressuposto que produz o começo. Portanto, o princípio (que é fim) está lá já encadeado ao começo desde o começo, desta maneira, desde o começo está lançado e encadeado, com férrea necessidade, todo o movimento do primeiro livro."

Recapitulemos, então, algumas passagens do Livro I. Desvela-se agora que o capitalista só encontra o proletário no mercado de trabalho no final do capítulo IV porque houve um violento processo histórico que arrancou os servos medievais da terra. Do mesmo modo, todas as formas de violência econômica, como o prolongamento da jornada de trabalho do capítulo VIII, o aumento da intensidade do trabalho do capítulo XII, o aumento da produtividade do trabalho do capítulo XIII, assim como o rebaixamento do salário do capítulo XXIII correspondem a formas de manifestação legais da violência originária, a violência extra-econômica que separou os trabalhadores de seus meios de produção, uma violência aberta que deu origem ao proletariado. A partir da leitura do capítulo XXIV, passa a ficar claro que todas as formas de violência econômica próprias ao capitalismo possuem uma origem comum: a violência originária que separou os trabalhadores de seus meios de produção. A propriedade dos meios de produção num polo, a classe capitalista, e a absoluta ausência de propriedade desses meios em outro polo, o proletariado, é o princípio que norteia todas as contradições entre as classes no capitalismo.[39]

Nesse sentido, todas aquelas formas acima descritas de violência econômica legalmente impostas não são acidentais, episódicas, conjunturais, frutos de algum acaso. Elas são formas de manifestação da violência aberta, a violência originária extra-econômica, ilegal, que, justamente por ser um princípio do capitalismo, está sempre presente, embora oculto atrás das formas legais da violência. Nesse sentido, seria ilusão ter alguma expectativa num capitalismo menos violento, mais harmonioso, mais pacífico, pois a violência é o seu princípio, faz parte de sua natureza, desde sua origem.

---

[39] Marx e Engels (2010, p. 69) já afirmavam isso no *Manifesto comunista,* cerca de 20 anos antes da publicação do Livro I de *O capital*: "Em resumo, os comunistas apoiam em toda parte qualquer movimento revolucionário contra a ordem social e política existente. Em todos estes movimentos colocam em destaque, como questão fundamental, a questão da propriedade, qualquer que seja a forma, mais ou menos desenvolvida, de que esta se revista".

Até esse momento do capítulo XXIV, vimos como o proletariado veio ao mundo. Veremos a partir de agora como se deu a origem das diferentes frações da burguesia.

O SURGIMENTO DA CLASSE CAPITALISTA

Marx (1983, II, p. 285) divide a classe capitalista em dois segmentos: o pequeno capital, de origem nacional e rural, e o grande capital ou capital industrial, que, ao contrário daquele, "tem o mundo por palco", já nascendo impulsionado pelo mercado mundial.

A GÊNESE DO PEQUENO CAPITAL

O capital agrícola teve como origem "um processo lento, que se arrasta por muitos séculos". (MARX, 1983, II, p. 280) O enriquecimento da burguesia rural deu-se, por um lado, através da "contínua queda em valor dos metais nobres e, portanto, do dinheiro, trazendo ao arrendatário (capitalista) frutos de ouro. (Essa queda) reduziu (...) o salário. Uma fração do mesmo foi acrescentada ao lucro do arrendatário". (MARX, 1983, II, p. 281) Por outro lado, "o constante aumento dos preços de cereal, da lã, da carne, enfim, de todos os produtos agrícolas, inchou o capital monetário do arrendatário sem sua colaboração, enquanto a renda da terra, que ele tinha de pagar, foi contraída em valores monetários ultrapassados, (...) com contratos longos, frequentemente de 99 anos". Assim, conclui Marx (1983, II, p. 281), o capitalista arrendatário nascente "se enriquecia, ao mesmo tempo, à custa de seus trabalhadores assalariados e de seu *landlord*".[40] Desse modo a burguesia rural foi lentamente se constituindo.

[40] Senhorio.

A GÊNESE DO CAPITAL INDUSTRIAL

O capital industrial, ao contrário, "não seguiu a mesma maneira gradativa daquela do arrendatário". (MARX, 1983, II, p. 284) Por que, afinal, o grande capital não foi surgindo vagarosamente como ocorreu com o pequeno capital de origem rural? Porque, diz Marx (1983, II, p. 285), "a grande marcha de lesma desse método não correspondia, de modo algum, às necessidades do novo mercado mundial, que fora criado pelas grandes descobertas dos fins do século XV". A ocupação da América pelos europeus, assim como a circunavegação da África foram, segundo Marx, decisivas para o surgimento do capitalismo. Por isso, ao contrário do pequeno capital, a acumulação originária do capital industrial já tem, desde o início, "o mundo por palco". (MARX, 1983, II, p. 285) O grande capital já nasce global.

A América teve, portanto, um papel determinante nesse processo de acumulação originária do grande capital: "a descoberta das terras do ouro e da prata, na América, o extermínio, a escravização e o enfurnamento da população nativa nas minas, o começo da conquista e pilhagem das Índias Orientais, a transformação da África em um cercado para a caça comercial às peles negras marcam a aurora da era de produção capitalista". (MARX, 1983, II, p. 285) A expropriação dos trabalhadores em todo o mundo realizada pelo capital industrial foi, portanto, avassaladora. O sistema colonial, por exemplo, não passa de um "roubo de pessoas (...) a fim de obter escravos (...) com prisões secretas, uma mais horrenda que a outra, entulhadas de miseráveis, vítimas da avidez e da tirania, presos a correntes, arrancados violentamente de suas famílias".[41] (MARX, 1983, II, p. 286) Esses são alguns dos momentos nada idílicos da acumulação originária do capital.

Marx (1983, II, p. 285) mostra a seguir que o poder expresso nos Estados imperialistas nada mais é do que a manifestação do poder do capital, que, ao se concentrar num determinado país numa determinada época histórica, fortalece temporariamente aquele determinado Estado. O valor, em busca de sua autovalorização, migra de um lugar para outro: da Espanha a Portugal, daí para a Holanda, França e, finalmente, para a Inglaterra. Marx chega a prever que os Estados Unidos se tornariam o futuro país imperialista, algo que somente aconteceria cerca de um século depois, com o fim da II Guerra Mundial: "Muito capital que aparece hoje nos Estados Unidos, sem certidão de nascimento", diz Marx (1983, II, p. 289), "é sangue infantil ainda ontem capitalizado na Inglaterra". Ao migrar da Inglaterra aos Estados Unidos, o grande capital transferia a este, já no século XIX, grande parte da riqueza produzida na Inglaterra. Isso nos leva a concluir que, segundo Marx, os Estados nacionais, mesmo os mais poderosos, aqueles que momentaneamente assumem o papel de Estados imperialistas, não passam de expressões do grande capital que se concentra temporariamente naqueles países. Coerente com seu método, Marx não atribui qualquer autonomia ao Estado. O que possibilita que um determinado Estado nacional assuma o papel de imperialista no mundo é a migração de enormes montantes de capital para o seu interior. A base de um Estado forte é um pujante processo de valorização do valor. O Estado é uma das formas de manifestação do processo de valorização do valor.

Enquanto organismo de dominação de uma classe por outra, um dos papéis do Estado é transferir parte da riqueza dos trabalhadores aos

---

[41] Marx extrai essas observações de um relatório oficial a respeito da escravização de nativos da cidade de Macáçar, atualmente capital da província de Celebes do Sul, na Indonésia.

capitalistas. Ele faz isso através da supertributação dos trabalhadores, além da concessão de crédito aos capitalistas com juros subsidiados. O Estado capitalista recolhe dos mais pobres para distribuir aos mais ricos. Se preciso for, pode até se endividar para realizar essa distribuição. Ele se endivida para enriquecer a burguesia. Assim, o sistema tributário, associado ao sistema da dívida pública, fazem parte da acumulação originária do grande capital. Servem como instrumentos de transferência de renda da classe trabalhadora para a classe capitalista.

Outra forma do capital industrial utilizar o Estado para o seu enriquecimento é o sistema protecionista, que nada mais é do que um "meio artificial de fabricar fabricantes". (MARX, 1983, II, p. 289)

Marx (1983, II, p. 292) termina o penúltimo item do capítulo XXIV, o item 6, com um trecho bastante impactante: "Tanto esforço fez-se necessário (...) para completar o processo de separação entre trabalhadores e condições de trabalho, para converter (...) a massa do povo em trabalhadores assalariados, em 'pobres laboriosos' livres, essa obra de arte da história moderna". E conclui Marx (1983, II, p. 292): "Se o dinheiro, segundo Augier, 'vem ao mundo com manchas naturais de sangue sobre uma de suas faces', então o capital nasce escorrendo por todos os poros sangue e sujeira da cabeça aos pés".

Até esse momento do capítulo XXIV, Marx descreveu a origem do capitalismo. No último item, o pequeno item 7, ele fará uma síntese do que vimos até aqui neste capítulo para depois traçar uma tendência futura da acumulação capitalista.

PARA ONDE TENDE A NOS LEVAR O CAPITALISMO?

Segundo Marx (1983, II, p. 293), o surgimento do mercado mundial, fruto das grandes navegações, fez com que o modo de produção feudal baseado na pequena propriedade passasse a bloquear o desenvolvimento das forças produtivas. Por isso, "pretender eternizar (aquele modo de produção) significaria, como diz Pecqueur com razão, 'decretar a mediocridade geral'". A tendência histórica futura não consistiria, portanto, em estabelecer um modo de produção baseado na pequena propriedade. A tendência histórica não seria dividir a terra em pequenas glebas entre famílias independentes. A tendência não seria realizar aquilo que chamamos de reforma agrária. Segundo Marx, isso significaria defender o retorno ao feudalismo, um modo de produção baseado na pequena propriedade agrícola. Ao contrário, diz Marx, apesar do "implacável vandalismo e do impulso das paixões mais sujas, mais infames e mais mesquinhamente odiosas" que deu origem ao capitalismo (1983, II, p. 293), o feudalismo "tinha de ser destruído e foi destruído".

No entanto, "tão logo (...) os trabalhadores tenham sido convertidos em proletários e suas condições de trabalho em capital, tão logo o modo de produção capitalista se sustente sobre seus próprios pés (...) a consequente expropriação ulterior dos proprietários privados ganha nova forma". (MARX, 1983, II, p. 293) Que nova forma seria essa assumida pela expropriação dos proprietários privados decorrente do desenvolvimento do capitalismo? Responde Marx (1983, II, p. 293): "o que está agora para ser expropriado já não é o trabalhador economicamente autônomo, mas o capitalista que explora muitos trabalhadores". Como estaria por ocorrer, já no século XIX, segundo o nosso autor, a expropriação dos capitalistas? "Essa expropriação se faz por meio do jogo das leis imanentes da própria produção capitalista, por meio da centralização dos capitais. Cada capitalista mata muitos outros". (MARX, 1983, II, p. 293) Ou seja, desde o século XIX, os capitalistas já estavam se expropriando a si próprios. Os maiores e mais fortes economicamente já se apropriavam do capital dos menores e mais fracos do ponto de vista econômico. Se esse processo já ocorria no século XIX, agora, no século XXI, ele não só continua existindo como se acelerou. São as chamadas fusões de empresas. Como se vê, a expropriação entre os próprios capitalistas é um processo que já vem ocorrendo desde o século XIX. Desse modo, há cada vez menos capitalistas a serem expropriados.

Essas expropriações ocorridas entre os próprios capitalistas geram profundas contradições no interior da própria classe capitalista, uns expropriando os outros. Mas as contradições não se limitam ao interior da classe capitalista. As contradições entre as classes também tendem a aumentar: "com a diminuição constante do número dos magnatas do capital, os quais usurpam e monopolizam todas as vantagens desse processo de transformação, aumenta a extensão da miséria, da opressão, da servidão, da degeneração, da exploração, mas também a revolta da classe trabalhadora, sempre numerosa, educada, unida e organizada pelo próprio mecanismo do processo de produção capitalista". (MARX, 1983, II, p. 294) Os monopólios formados pelas fusões entre grandes empresas reúnem milhares de trabalhadores sob o comando de uma única empresa, o que significa, de alguma forma, que o capital, de maneira inconsciente, contribui para organizar os trabalhadores.

Assim como, diante do nascente mercado mundial surgido a partir do século XVI, o feudalismo passou a representar um bloqueio ao desenvolvimento das forças produtivas, a partir do século XIX foi "o monopólio do capital que se tornou um entrave (...)" a esse desenvolvimento. Assim como, a partir do século XVI, o feudalismo tinha que ser superado pelo capitalismo a fim de libertar as forças produtivas por ele aprisionadas, no século XIX é "o invólucro capitalista (que tende a ser) arrebentado". Por isso, diz Marx: "Soa a hora final da propriedade privada capitalista. Os expropriadores são expropriados". (MARX, 1983, II, p. 294)

A revolução socialista é anunciada por Marx como sendo a expropriação dos capitalistas. Esse processo é previsto por Marx como sendo a continuidade de um processo já em curso no século XIX. A diferença da expropriação que já se iniciava entre os capitalistas diante de Marx e a revolução socialista por ele anunciada é que a expropriação passaria a ser assumida por outra classe. Se os capitalistas já vinham se expropriando entre si, caberia a outra classe dar continuidade a esse processo de expropriação. Que classe seria essa? Para responder a essa questão, Marx cita, então, em nota de rodapé, uma célebre passagem do *Manifesto comunista*: "De todas as classes que hoje se defrontam com a burguesia, apenas o proletariado é uma classe realmente revolucionária. As demais classes degeneram e desaparecem com a grande indústria, o proletariado é seu produto mais genuíno. Os estamentos médios, o pequeno industrial, o pequeno comerciante, o artesão, o camponês, todos eles combatem a burguesia para evitar que sua existência como estamentos médios se extinga (...) eles são reacionários, pois procuram guiar a roda da história para trás." (MARX, 1983, II, p. 294)

Não há, portanto, qualquer vestígio de utopia na concepção de revolução de Marx. A revolução ocorrerá quando outra classe que não a burguesia der continuidade a um processo já existente, um processo já iniciado, involuntariamente, pela burguesia. Para Marx, a revolução não é algo que acontecerá, talvez, num futuro longínquo. Suas condições objetivas, aquelas condições que não dependem da ação humana consciente e planejada, já estavam dadas desde o século XIX. Caberia construir as condições subjetivas, criar direções revolucionárias em todo o mundo, direções com íntimo vínculo com a classe operária a fim de contribuir com o proletariado para que ele cumprisse a sua missão histórica de dar continuidade à expropriação dos expropriadores, já iniciada pela própria burguesia.[42]

A revolução socialista, enquanto processo de continuidade e ruptura, só pode ser vista como "negação da negação". (MARX, 1983, II, p. 294) A primeira negação foi a negação da propriedade privada individual dos servos e artesãos medievais, uma propriedade baseada no trabalho próprio. A primeira negação correpondeu, portanto, às revoluções burguesas. Mas, segundo Marx (1983, II, p. 294), "a produção capitalista produz, com a inexorabilidade de um processo natural, sua própria negação". A revolução socialista é a segunda negação da propriedade privada individual, a negação da propriedade privada capitalista, a negação do atual modo de produção, o modo de produção que negou a propriedade individual do servo e do artesão.

Como toda superação dialética, a negação da negação restabelece parte do que foi negado. Se a revolução socialista destrói a propriedade que priva o acesso da maioria da população aos meios de produção, ou seja, se a revolução socialista destrói a propriedade privada capitalista, ela restabelece a propriedade individual, aquela propriedade necessária à subsistência. Somente no socialismo, todos, sem exceção, terão acesso aos meios indispensáveis à sua sobrevivência. No capitalismo a propriedade individual dos meios de subsistência não é acessível a todos. No socialismo, o que garantirá a propriedade individual dos meios de subsistência a todos será "a propriedade comum da terra e dos meios de produção produzidos pelo próprio trabalho". (MARX, 1983, II, p. 294) Em suma, somente a generalização da propriedade comum dos meios de produção pode garantir a generalização da propriedade individual dos meios de subsistência. Ao contrário, numa

[42] Enquanto redigia *O capital,* Marx, juntamente com Engels e diversos outros camaradas, fundava a Associação Internacional dos Trabalhadores, em 28/09/1864. Assim, as opções de vida do nosso autor confirmam, em certa medida, a importância dada por ele à criação e ao desenvolvimento de uma direção revolucionária em escala mundial.

sociedade baseada na propriedade privada dos meios de produção, é impossível que todos tenham acesso à propriedade individual dos meios de subsistência. A pobreza, a miséria e a fome são indissociáveis de uma sociedade baseada na propriedade privada dos meios de produção, característica de todas as sociedades de classes, desde o escravismo greco-romano até o capitalismo.

Antes de finalizar o capítulo XXIV, cabe ainda a seguinte pergunta: a revolução socialista teria que ser, necessariamente, violenta? Não teria como realizar essa transição de um modo de produção para outro sem o uso da violência? Nenhuma transição ocorrida até hoje, das sociedades asiáticas para o escravismo grego-romano, deste para o feudalismo e, finalmente, do feudalismo para o capitalismo, todas essas transformações, sem exceção, foram feitas mediante extrema violência. Nesse sentido, Marx (1983, II, p. 286) diz: "a violência é a parteira de toda a velha sociedade que está prenhe de uma nova". Por que a violência faz parte do nascimento de toda nova sociedade? Porque a classe até então dominante não aceita perder seus privilégios, não aceita perder sua propriedade privada dos meios de produção.

Vimos que, segundo Marx, o capitalismo está, por assim dizer, prenhe do socialismo desde o século XIX, pois o monopólio do capital tornou-se, desde aquela época, um entrave ao desenvolvimento das forças produtivas. O invólucro capitalista tende, portanto, a ser arrebentado. Marx (1983, II, p. 294) faz, no entanto, a esse respeito, uma previsão surpreendente. Ele considera que a revolução socialista tende a ser muito menos violenta do que foram as revoluções burguesas: "a transformação da propriedade privada parcelada, baseada no trabalho próprio dos indivíduos, em propriedade capitalista é, naturalmente, um processo incomparavelmente mais longo, duro e difícil do que a transformação da propriedade capitalista, realmente já fundada numa organização social da produção, em propriedade social". Por que a passagem do capitalismo para o socialismo tende a ser menos longa e difícil do que a passagem do feudalismo para o capitalismo? Porque, diz Marx, (1983, II, p. 294) "lá tratou-se da expropriação da massa do povo por poucos usurpadores, aqui se trata da expropriação de poucos usurpadores pela massa do povo".

Quem seria, então, o personagem central do capítulo XXIV? Quem comandaria esse decisivo capítulo? Parece evidente que o protagonista do capítulo XXIV é o proletariado revolucionário, forjado no longo enfrentamento com a classe capitalista descrito no decorrer de todo o Livro I.

Refaçamos, de maneira sintética, o caminho percorrido até aqui. No capítulo I, partimos de um produtor individual totalmente enfeitiçado pelas mercadorias e pelo dinheiro, um produtor que sequer se reconhecia enquanto tal, para chegar aqui no capítulo XXIV ao proletariado revolucionário, prestes a expropriar os capitalistas. Iniciamos, portanto, no capítulo I, pelas sombras que nos dominam na nossa vida cotidiana, na luta diária pela apropriação das coisas indispensáveis à nossa sobrevivêcia. Com imensas dificuldades fomos, então, como que escalando um íngreme penhasco, um árduo percurso de ascensos e quedas, vitórias (sempre parciais) e derrotas (também parciais). Nesse caminho, fomos nos reconhecendo enquanto membros de uma classe, a classe trabalhadora, que foi se forjando a si própria numa relação contraditória, conflituosa com a classe que nos domina, numa luta de classes. Nessa difícil subida, fomos nos reconhecendo ao ingressarmos no local de trabalho, na solidariedade de classe de Leonard Horner, na luta contra o prolongamento da jornada de trabalho, na luta contra o aumento da intensidade do trabalho, na luta contra os efeitos nefastos da introdução da maquinaria, na luta contra os enigmas do salário, na luta contra o desemprego e, finalmente, na luta decisiva, a luta contra a propriedade privada dos meios de produção.

O capítulo XXIV termina, assim, com a revolução socialista. Não uma revolução utópica, que poderia ocorrer, eventual e surpreendentemente, como num passe de mágica, em algum momento futuro. O capítulo XXIV se encerra com uma revolução que é continuidade de um processo já existente, uma revolução enquanto "expropriação dos expropriadores" que já estão se expropriando.

No entanto, os momentos surpreendentes do Livro I ainda não terminaram. Marx nos reserva mais uma surpresa, exposta no último capítulo, o brevíssimo e aparentemente derradeiro capítulo XXV. Vejamos, então, qual pode ser o significado desse capítulo que encerra o Livro I.

UMA CURIOSA E ABRUPTA MUDANÇA NA *LEXIS*

O capítulo XXV, último capítulo do Livro I, é um pequeno capítulo de apenas sete páginas. Nele, Marx (1983, II, p. 297) vai comparar a situação da classe trabalhadora nas colônias e nas metrópoles. Como "a essência de uma colônia livre consiste em que a maior parte do solo ainda é propriedade do povo e cada povoador, portanto, pode transformar parte dele em sua propriedade privada e em meio de produção individual, sem impedir os povoadores que chegam depois de executarem essa mesma operação", o capitalismo não consegue se impor. Marx (1983, II, p. 296-297) extrai dessa situação histórica das colônias uma importante conclusão: "Enquanto o trabalhador pode acumular para si mesmo – e isso ele pode enquanto permanecer proprietário de seus meios de produção – a acumulação capitalista e o modo capitalista de produção são impossíveis. A classe dos trabalhadores assalariados, imprescindível para tanto, falta".

Depois de fazer essas considerações, Marx (1983, II, p. 296) ironiza um economista burguês, nesse caso o economista Wakefield, por este lamentar a triste situação que o "pobre capitalista", o Sr. Peel, enfrentou na colônia, ao ficar "sem nenhum criado para fazer sua cama ou para buscar-lhe água do rio". A abundância das terras nas colônias tornava-as muito baratas, passíveis de serem compradas pelos trabalhadores assalariados que chegavam da metrópole. Esses facilmente se tornavam trabalhadores autônomos e não se submetiam mais a servirem o Sr. Peel e seus colegas de classe. Mas esses não se assustaram. Com o auxílio do Estado, os capitalistas elevaram de maneira arbitrária, mas tudo dentro dos preceitos legais, os preços das terras, impedindo sua compra pelos trabalhadores.

Depois de descrever a "difícil situação" dos capitalistas nas colônias e as formas por eles encontradas para superar essas dificuldades, o capítulo XXV termina de maneira surpreendente: "entretanto", diz Marx (1983, II, p. 302), "não nos ocupa aqui a situação das colônias".

Como não nos ocupar da situação das colônias se o título do capítulo é "A Teoria Moderna da Colonização" e o tema do capítulo é a situação nas colônias? De que Marx poderia se ocupar, então, neste capítulo XXV, senão da situação das colônias? Ele próprio responde: "o que nos interessa é o segredo (...) de que o modo capitalista de produção e acumulação e, portanto, a propriedade privada capitalista, exigem o aniquilamento da propriedade privada baseada no trabalho próprio, isto é, a expropriação do trabalhador". (MARX, 1983, II, p. 302)

Como se vê, apesar do título, Marx "não se ocupa da particularidade" das colônias no capítulo XXV. Apenas utiliza esse aspecto peculiar da situação das colônias para reafirmar a necessidade da acumulação originária do capital, que expropriou violentamente os ancestrais do moderno trabalhador assalariado. Percebe-se, assim, que Marx fez referência à situação das colônias apenas para reafirmar o conteúdo do capítulo anterior, o capítulo XXIV, de que o pressuposto do capitalismo é a expropriação dos trabalhadores.

Qual poderia ser, então, a função deste capítulo XXV no interior do Livro I? Marx não explica. Deixa em suspenso. Nosso autor nos obriga a buscar uma resposta. Não seria, talvez, para manter, em certa medida, oculto, o desfecho revolucionário do final do capítulo XXIV? Afinal, Marx (1983, II, p. 294) encerra o capítulo XXIV com a revolução proletária, Marx termina o capítulo XXIV afirmando que a tendência histórica é a superação do capitalismo: "Soa a hora final da propriedade privada capitalista. Os expropriadores são expropriados", defende Marx (1983, II, p. 294) no final do capítulo XXIV. Caso

Marx terminasse o Livro I desse modo, conclamando a necessidade da revolução socialista, *O capital* não seria facilmente perseguido pela censura? O capítulo XXV não poderia ter sido escrito para cumprir o papel de dissimular o caminho percorrido até aqui, o percurso entre as sombras do fetichismo absoluto até a revolução socialista?

Nesse sentido, o final efetivo do Livro I não seria mais apropriadamente o capítulo XXIV, que termina soando a hora final da propriedade privada capitalista? O encerramento do Livro I não seria o momento da expropriação dos expropriadores? Ao invés de um final que trata da situação das colônias, o final propriamente dito do Livro I não seria aquele que indica a revolução proletária como uma tendência histórica futura?

Apesar de já anunciada por Marx há mais de um século e meio, a vitória definitiva do proletariado não está ainda realizada. O caminho desde as sombras até a revolução, apesar de já programaticamente exposto, está inconcluso na prática. Será ainda possível percorrê-lo? Só o tempo dirá.

REFERÊNCIAS

BENOIT, H. (1996) Sobre a crítica (dialética) de *O capital*". In: *Revista Crítica Marxista*, nº 3, São Paulo: Brasiliense. https://www.ifch.unicamp.br/criticamarxista/arquivos_biblioteca/ artigo16Art1.2.pdf

___ (1999) "Pensando com (ou contra) Marx? Sobre o método dalético de *O capital*". In: *Crítica marxista,* nº 8, São Paulo: Xamã.

___ (2003) "Da lógica com um grande 'L' à lógica de O Capital". In: TOLEDO, Caio Navarro de (Org.) *Marxismo e Ciências Humanas*. São Paulo: Xamã, pp. 15-25.

___ (2006) *Sócrates: o nascimento da razão negativa*. São Paulo: Moderna.

___ (2015) *Platão e as temporalidades: a questão metodológica*. São Paulo : Annablume.

MARX, K. (1983) *O capital: crítica da economia política*. São Paulo: Abril Cultural. Volumes I, II e III.

___ (1989) *Elementos fundamentales para la crítica de la economia política* (Grundrisse) *1857-1858*. México: Siglo veintiuno.

___ (1987) *Teorias da mais-valia: história crítica do pensamento econômico (Livro IV de O capital)*. Rio de Janeiro: Bertrand.

MARX, K. : ENGELS, F. (2010) *Manifesto comunista*. São Paulo: Boitempo.